U0148000

繁星歡唱　美和 60

國家圖書館出版品預行編目（CIP）資料

繁星歡唱 美和 60 / 曾焜宗, 李虹叡, 閻芊樺編著. --
　初版 . -- 高雄市 : 高雄復文圖書出版社 , 2022.06
　面；　公分
　ISBN 978-986-376-248-5(平裝)

1.CST: 屏東縣私立美和高級中學 2.CST: 歷史

524.833/135　　　　　　　　111007546

編著　· 曾焜宗、李虹叡、閻芊樺

發行人　· 蘇清足

總編輯　· 蔡國彬

出版者　· 高雄復文圖書出版社

地址　· 802019 高雄市苓雅區五福一路 57 號 2 樓之 2

TEL· 07-2265267

FAX· 07-2233073

劃撥帳號　· 41299514

臺北分公司　· 100003 臺北市中正區重慶南路一段 57 號 10 樓之 12

TEL· 02-29229075

FAX· 02-29220464

法律顧問　· 林廷隆律師

TEL· 02-29658212

ISBN· 978-986-376-248-5

初版一刷　2022 年 6 月

定價　· 320 元

版權所有，請勿翻印

行政院新聞局出版事業登記證局版台業字第 1804 號

本書如有破損、缺頁或倒裝，請寄回更換。

http://www.liwen.com.tw

E-mail:liwen@liwen.com.tw

繁星歡唱　美和 60

04 從雄霸棒壇到遍地開花 ————————

05 如花綻放的傑出校友

11 從繁星點點到榮耀的日光 ———————

序一　美以致和　放眼世界

徐傍興博士為幫助南部偏遠地區子弟教育，創設美和中學，如今已滿六十載。身為校友會創會會長，我很榮幸也很開心為這本《繁星歡唱　美和60》的紀念專輯寫序。

記得初中三年在美和中學求學住校生涯中，見證徐創辦人依舊在北部照顧南部北上求學就業的年輕人，並給予生活費、晚餐、生活照顧等等，幾乎來者不拒，「人不親土親的故鄉情」深深令我感動，讓初中三年成為我人生發展的重要轉捩點！

住校期間，儘管學校創辦初期宿舍設備簡陋，卻仍是我在初中三年學習成長的另一個家，也是所有美和校友的共同回憶。如今走過人生難得一甲子歲月的美和校園，依舊是樹木蔥蘢、環境清幽、校舍古樸，但宿舍老舊亟待更新，因此在 2021 年適逢創校 60 週年時，由現任校長王致皓校長與美和中學校友會李恭祿理事長共同發起的宿舍修繕計畫，校友們得知後無不懷抱感恩的心募款，極為熱絡，在短短一個月時間內募得近三百萬經費，遠超過計畫時的二百萬目標，大大改善了住宿生的現代化生活環境，並給予學弟妹們更好的住校環境並提升課堂學習外的生活品質，也更能提高學習的效率，也展現校友們對學校的支持與認同。

求學時期，李梅玉校長嚴謹教育、以身作則、認真教學，同儕之間互相學習，每位老師專業傑出，讓我在每日規律生活中，為未來的人格特質養成，影響甚深！

美和中學在徐創辦人創辦並擔任首任校長後，先後歷經李梅玉校長、劉德明校長、林永盛校長、鍾永發校長、涂順振校長、曾焜宗校長，到現任王致皓校長的汲汲經營下，秉持徐創辦人的創校初衷，不僅辦學認真、以校為家，奠定美和

中學成為南部升學翹楚之基礎。讓同學們除了能精進學業，提升品德修養，建構「美以致和」的校園文化，歷任校長們功不可沒，也代表校友們感謝一路以來陪伴同學們成長的老師們辛苦的付出。

如今的美和中學，近幾年來國中會考成績亮眼，遙遙領先縣內各級學校成為屏東之冠，而高中部更是大放異彩，近年來滿級分、參加繁星、推薦申請也成績卓越，一再打破過去的紀錄，身為校友與有榮焉，也讓學校年年招生滿額。

除此之外，美和青少棒有 17 次、青棒 14 次拿下全國選拔賽冠軍，且代表國家在國際上拿下 13 次以上的世界冠軍，讓中華棒球隊多次拿下「三冠王」的稱號。美和棒球隊不僅是美和的榮耀、六堆的驕傲，更早與國人合而為一，成為臺灣人永遠的驕傲。

我創業後幾乎繞了地球一周，深覺得美和中學三年教育給我無形收穫極大，人格發展、人生價值觀建立，我一輩子受用無窮，因此很樂意幫助正在創業朋友。臺大復旦 EMBA 畢業後，偕同幾位學長姐和家聲教授共同創立臺大復旦新創會，聚焦在跨行、跨業、跨界、跨年齡的創業加速器於此平臺，成為新創業界最具影響力的社團。在擔任臺北市六堆客家會理事長時，致力將北部客家鄉親的資源、創新與行銷概念，與南部鄉親們的產品、文化與產業相互結合，南北資源交流串聯，讓南北鄉親互相融合支援，爆發新的能量。

此外，「朋友走進來、六堆走出去」──讓更多非客家族群融入六堆這個大家庭裡，進而「認同客家、認識六堆」，同時將格局放大，讓六堆能包容並接納各族群不同的文化，進而能融合各族群，創造多元的發展方式，共建大熔爐的先進社會、讓「六堆變成一大堆」！

除了六堆事務外，我今年也同時擔任國際扶輪 3523 地區社員委員會主委一職，透過這三個社團互相參與活動、鼓勵多交流，資源分享、整合，期待能爆出大火花！我深信「客戶是開拓來的、朋友是交流來的、鄉親是聯誼來的」！體會到以前創業時，缺乏資源，很難有機會獲得更多支援，希望我們的資源有幫助，縮短年輕人成功的時程！

　　美和中學徐傍興博士偉大善良情操，深深刻印在每位學子身上，影響一生！善良是美德，善的力量可以循環，期待您也可以成為下一位為他人伸出援手的貴人！成功不必在我，成功的路上肯定有我們的支持！我們一起播放善的力量！

美和中學全國校友會創會會長

序二　跳得更高　望得更遠

感謝滋養我的美和。

更感謝曾在美和這片土地上辛勤耕種的人們，過去我們在這裡
採摘收穫，今後要讓我們也一起彎腰灌溉。

幾次因為要接女兒放學而穿過美和中學的紅樓中廊，總會無意識的轉頭看看
身旁的公布欄，看看這次月考榮譽榜有誰？第一名還是沈慧萍嗎？到底誰能打敗
她，是戴明燊？還是陳麗香？還是我能異軍突起，獨占鰲頭也說不定⋯⋯

哎呀！那一天還彷彿歷歷在目，就像國文課上的書聲琅琅：「江山如此多嬌，
引無數英雄競折腰」一樣；處處計較，總為了龜毛的英文老師，多扣了我 1 分，
而不開心一整天。

但這有何用？三十年後的現實，我的小小妄想畢竟是徹底輸了，沈慧萍——
臺大動物學博士；戴明燊——倫敦大學瑪麗女王學院醫學博士；陳麗香成了著名
的油彩畫家，而我僅能是屏東縣交通隊的副隊長，但在交通的創想跟專業上，我
從不停止自己的奉獻與追求。

所以我發明了「求婚小綠人」、我在德國漢堡的 ITS 年會（2021 ITS World
Congress）得到年度最佳論文獎⋯⋯，就是想跟當年初三信班的老師們說：雖然
我懶得背單字跟課文，但是我一直在努力做一個有貢獻的人，在我的工作上，用
我自己的方式。

110 學年度，我獲得推選當上了美和中學的家長會長，這對很多人來說也許
單純只是個榮譽，但對於我這個成長於美和這塊沃土的人來說，這個身分更重要
的是責任，我能為我的母校做些什麼？回饋些什麼？

美和中學創立之初，原就承載了作育六堆英才的天命，在開辦棒球隊後，又背負了將臺灣棒球推向世界的搖籃推手角色，而這幾年來高中部升學的傑出表現，更讓我們成了屏東縣的「臺、成、清、交、政」育成中心。雖然因為少子化的衝擊和公務部門對私校管理的箝制，現在的私校運營實在非常困難，但美和有幸有一群充滿正能量的老師們跟無私的董事會，近幾年的招生十分搶手，新生的招生名額，往往幾日內就被搶光。

　　美和這個載體承擔了不同時代的使命與任務，但不變的是，教育孩子的初心，讓美和畢業的學子都能成為社會上有用的人。

　　哲人日已遠，典刑在夙昔。風簷展書讀，古道照顏色。

　　傍興叔公（我妻子徐曉明，是創辦人的姪孫女），在那樣的年代，竭盡己能，出錢捐地，興辦了這麼一個好的學校，他的襟懷、誠摯以及對這片土地的關懷，讓人折服，他不僅僅是電視劇中的「大將」，更是我們心中的巨人。

　　如果美和因為站在這位巨人的肩膀上，所以能穩健出色的走到一甲子後的今天，那我們期待未來在董事長、校長的帶領下及更多先進、校友的惕勵下，美和下個六十年，能跳得更高，望得更遠！

美和高中家長會長　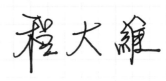

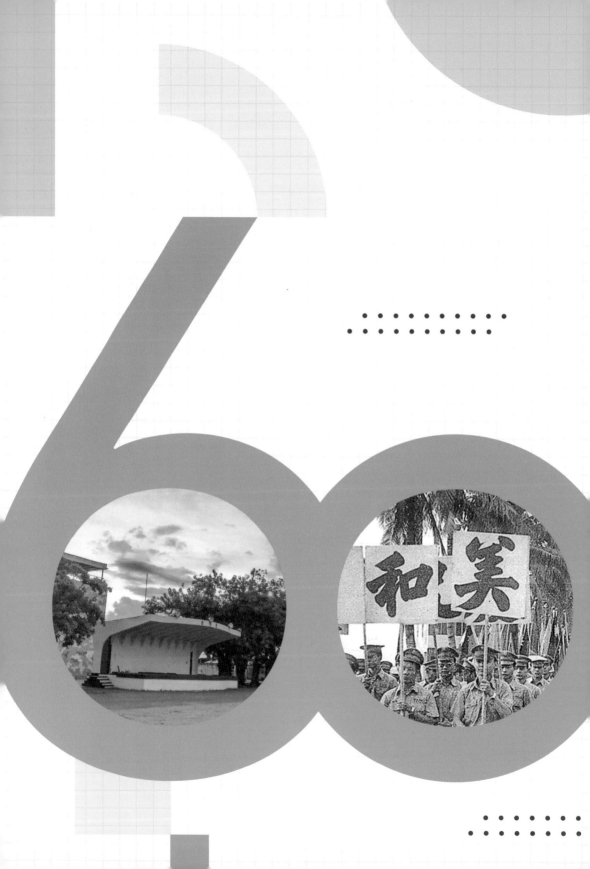

名醫回鄉興學 教澤貽徽

青翠的梔子花，佇立在美和中學總務組的窗外廊下，春天時候的濃郁花香，讓人不禁眷戀想起六十年前，這裡還是一望無際的水田時光。

矗立在水田中的學校

民國 49 年，大專聯考放榜，客家六堆子弟幾乎無人上榜；地方人士憂心的眼光，讓屏東縣內埔鄉稻香遍野的甜美空氣，一夜之間黯然無光。

當時的臺灣，正處於經濟發展的艱困時刻，國家發展政策積極以農業支援工業發展，國際局勢中，政治與經濟都還高度仰賴美國的支援。旅北名醫徐傍興博士，卻在眾人不看好中，先後在臺北及高雄創立當時規模最大的私人醫院——徐外科。為了扶植醫學人才教育，徐博士與當時醫學泰斗杜聰明博士以及高雄市聞人陳啟川先生，共同創辦高雄醫學院。

家鄉子弟名落孫山的消息，徐博士在第一時間已經知道了；這一天，他接見了特地與教育界人士連袂北上的故鄉親友團，稍經思量，徐博士決定捐出祖地與祖產，堅定的說：「我要蓋一間學校，讓家鄉的孩子能夠好好讀書。」堂弟徐富興醫師深表支持也捐出了部分土地。

▲ 讓世界看到美和

他決定在他出生與成長的地方，也就是屏東縣內埔鄉的美和村，蓋一所學校。親友一聽盡皆愕然，在美和村？怎麼？不是應該要在臺北市或高雄市設立學校嗎？要在都會區裡讀書，孩子才有競爭力，才能出人頭地啊！

徐傍興博士獨排眾議，不想讓年紀小小的孩子離家讀書，要讓孩子在家人的照拂下，就近讀書。如果負笈他鄉才能功成名就，那麼家鄉要如何

把人才留住？一則是堅決的初心，要造福家鄉子弟，二則也是響應當時政府獎勵私人興學的教育政策。當徐博士的眼光與見解得到眾人的認同之後，美和中學的校地建設，終於在那一年的秋天啟動。

一畦一畦清澈映天的水田，開始填上了水泥地基，卡車運來一疊又一疊的紅磚與鋼筋。許多沒讀過書的鄉人嘖嘖稱奇，「要在這裡蓋學校喔？」「會有人來這鄉下地方讀書嗎？」

簡樸而美麗的校舍興起，徐博士樸實無華的創校初衷在口耳相傳中，回響許多感動。

▲ 以「快樂頌」為旋律的舊校歌

民國 50 年，美和中學正式立案招生，各地名師及學生蜂擁而來，那一年初中部的招生名額是兩百多人，報名人數卻高達三千多人，「美和中學」這個名字，成為當代的一個傳奇。

正如美國的西點軍校位於西點，英國的劍橋大學位於劍橋一樣，美和中學位於美和村，這片土地在五年後又創立了美和護專。

巍巍武峯，深綠正濃，燦爛陽光照始終。

啟此沃土，穗披薰風，屹立學府於崇閎。

▲ 在水田中構思建校的徐傍興博士

▲ 徐博士（右二）、李梅玉校長（左二）與協助創校的碩德

興我庠序，流則永長，孝悌為教兮，百世富隆。

幼苗圜好，鋼鐵融爐，萬眾一心光美中。

浩浩淡水，與天爭長，綿延山脈於中央。

悠悠斯久，青史留芳，晨曦遍灑於四方。

川原連綿，碧水深遠，崒嵂山峰映驕陽。

美以致和，佳言勿忘，桃李春風濟滿堂。

　　貝多芬的「歡樂頌」，是美和最初校歌的旋律，穗披薰風的味道，也成了美和校徽設計始終不變的精神。

▲ 創校之初的禮堂與第二棟紅樓

▲ 禮堂加蓋後成為現在的傍興館

▲ 實習工廠與福利社舊貌

▲ 整齊劃一的運動會入場

▲ 第一棟紅樓舊貌

▲ 早期每日升旗的大操場　之後成為棒球場

美麗安和的校園

　　一早，天剛初曉，大武山分明的輪廓挺立在美和校園的正對面，大片的稻田籠罩在層層的霧氣中。山是淡藍的，稻田是淡綠的，早起的學生以此為背景，陸續來到美和。學生宿舍後面的林園，可以聽見林鳥歌唱，晨風撲鼻，遠處檳榔樹並排靜立，躺臥於下的淡綠田園，有一股無法言語的祥和。

　　當太陽從大武山上初露，微芒就毫無保留橫過美和校園的天際，陪襯著一個

▲ 美和的天空　有最美的晨光

潔淨蔚藍的天。陽光帶來一天的生機和活力，照在樸實勤學的學生臉龐上；黃昏時刻，望向校園西邊，一輪火紅的太陽還高掛在林梢，倦鳥已經歸巢，美和的大地披上金色的光，校園也在夜幕低垂中，逐漸安靜了下來。

　　夜裡的美和，要算星星最迷人了，秋冬時候最早出現在天際的，是醒目的獵戶星座，伴隨在旁邊的天狼星則始終以天上最亮的星星發出驕傲的光芒。微微入夜後，雙子座的北河二，北河三出現了，小犬座的南河三也相對呼應，於是北天的大星星都交互輝映在美和的校園裡。更深的半夜，美和的星星會對人微笑，晶瑩的像被水洗過一般。

　　球場的另一端，有一顆亮度略弱而低垂的星星，終年不動的靜止在那兒，那

是「居其所，而眾星拱之」的北極星，一個斗大的大熊星座護著它，環繞不停。城市裡要看到美麗的星星並不容易，但在美和，看星星是身邊日常的事。群星的交會閃耀，就是美和校園的重要資產。

　　月明星稀的夜晚，大地是一片銀白的月亮，月光從東邊的椰子樹梢爬上天際，校園便在漠楞楞的詩意中，暗藏著一份神祕。

美和的校園如同校歌所唱～美麗安和。

▼ 武山蒼蒼　椰林環繞的校園　在山與樹的環境中成長茁壯

篳路藍縷 以啟志業

　　第一年招收初中部的 5 班學生，都是有志於學，令人不能輕忽的菁英幼苗；徐傍興博士不敢辜負家長望子成龍的期待，自兼校長職務。面對校務未來發展的各種擘劃，千頭萬緒諸事如麻，徐博士把自己奉行的價值理念，融入校務推展的信念中：做人要誠懇，起心動念要端正，勤勞是一定要的，要有毅力不要輕言放棄。

　　這些理念，也一直傳襲在歷任校長的治校精神中，第三任劉德明校長不敢忘記創辦人的初衷，將這個理念成為美和中學的校訓「誠正勤毅」，期許每一個從美和中學畢業的孩子，也都能夠將這樣的理念融入自己的生命中。

▲ 我美和　我驕傲

　　徐博士非常尊重各種領域的專業，即使懷抱對教育極大的熱忱，以及對家鄉子弟的高度期許，仍然決定將辦學的專業回歸教育。民國 51 年，美和中學聘李梅玉先生擔任第二任校長。李校長是出生於內埔鄉的子弟，對於鄉梓有著義不容辭的責任及期許。畢業於日早稻田大學後，此時正在竹南中學承擔教務長的工作。徐博

▲ 「誠正勤毅」是美好的傳統年代

▲ 一年一度的班際合唱比賽

▲ 歡樂融融的土風舞

士的徵召及鄉人的期待，讓他立馬回到這片稻禾薰香的兒時野地。

　　涂順振校長（第六任校長）接待慈濟大愛電視臺兩位記者來拍攝美和校景（民國 92 年），追憶早年校園中的黃昏，創辦人徐傍興博士和老校長李梅玉先生兩人，坐在欖仁樹下與原住民住校生促膝共唱原民歌曲，當時同學們共坐大樹下聊天看書發呆冥思的校園景象，實在是令人嚮往。慈濟記者一再稱羨美和的校園典雅淳樸，尤其是椰林高聳廣被，是其他學校少見的。

▲ 穗披薰風　是校徽設計始終不變的精神

　　李梅玉校長接篆後，於民國 53 年增設高中部，招收新生 4 班。那時候的師資雖已完善，住校設備卻還在興工中，當時男生 20 個人住一間寢室，女生則是一百多人同住大通鋪；擁擠的環境中，舍監老師只能屈

住在倉庫。當時的生活管理很嚴格，吃飯一定點名（擔心孩子沒有用餐），早上起床梳洗完畢，還要點名做操。做操以後的時光，可以看到住宿生散開到校園各角落，朗誦國文或背讀英文單字；晚間 10 點點名就寢後，想要繼續讀書的同學集中到餐廳讀書，兩位老師陪讀，讓學生可以隨時提問。11 點關燈睡覺，只保留中走廊的燈光；往往還有幾個同學偷偷站在廊下讀至深夜，有時候一大清早，也會看到早起的學生站在廊下讀書。在那物質貧苦的時代，好多記憶都令人感動啊。

輝映在美和　在人間

徐傍興身為醫學博士，是享譽全省的外科醫生，美和棒球隊的成功雖然得之於他的創辦與栽培，但剛來美和的師生多半不認識他。

許多人的追憶中，都有著一位穿著寬大褲子的老人，每日手插在腰部，挺著肚子緩緩來回散步。每當天亮之際，住校生坐在花圃邊看書的時候，他就會緩緩走過來，然後立定停下，向所有學生行了一個舉手禮，宏亮的喊著「Good morning」，緊接著一陣嘹亮的回響「Good morning」之後，他才把手指從眉間放下。那份熱情岸然，不苟言笑，彷彿一位百戰沙

▲ 徐博士的親和魅力

11

▲ 在畢業典禮特別座上沉思的徐博士

場的老兵，也有點像一般學校看守校門和藹可親的老校工——他就是董事長徐傍興。

此時的他每天以校為家，同時身兼美和護專的校長，於是一個人獨自住在以教室簡單隔置而成的校長室。每日清晨，校工開啟護專通往中學的那扇鐵門，他慢慢踱步而來，往返於兩校之間。白天濃密的樹蔭下，也是他「上班」的地方。幾張藤椅，每天搬進搬出，無論村裡的老友來閒話家常，或社會各界要人找他共商大事，都是那麼簡樸而風雅。有時他獨自看報沉思，有時凝看學生自晨曦走來，在黃昏中回家。棒球隊練球的下午時光，他坐在操場旁全神貫注的看著，每逢比賽，也不辭辛苦的到現場加油。美和，是他最關懷深愛的家，這裡的孩子在他的期盼中成長。

徐博士平易近人，妙語如珠。老友來訪時，常是高談闊論，笑聲迭起。在重要的場面，人人正襟危坐，不敢掉以輕心時，他也毫不在意，詼諧如昔。旁人的大小人間事，都在其次，他腦海裡所編織的永遠是一連串出人意料的笑語。在學校，他很少生氣，但他關愛國家社會的胸懷和急公好義、嫉惡如仇的個性，常使他在許多不公不義的事上大發雷霆。曾經，選舉時候他儼然坐鎮一方，調兵遣

將，非得為「賢」與「能」而爭個分明。遇有政府官員徇私舞弊，欺凌百姓時，他的指責，更是嚴厲不留情面。因此，大家對他又敬又畏，即使平日常常言談甚歡，但也偶有挨罵的時刻。只有在面對學生和鄉間的老農時，他才是永遠和煦的春風。

▲ 凝望大武山　永遠和煦如春風

　　徐博士有一骨凜然不可抗拒的氣質，那是一種信念也是一種執著，在生命中刻劃了鮮明的色彩。更多的時候，他返老還童，有一顆仁慈純真的赤子之心。這正是一位平凡偉人特有的風範。

　　從人本心理學的角度看，徐博士是一位很能自我實現的幸福人，童年生長在美和村清苦，卻有著不可抹滅的牧童生涯，及後在刻苦自勵的求學日子中，成績斐然，滿足強烈的求知慾。中年教書，行醫濟貧，是生命中心理學所謂「愛與隸屬需求」的表現，也是中國人「民胞物與」的特質。成名之後，他回鄉辦學獎掖後進，不計社會上的功名利祿，而徜徉在鄉間，終日生活在校園裡。每日所面對的是永恆的青山，純樸的故鄉人和天真的學生，每日所關懷的一樣是我們的國家和社會。這是一個自覺生命的完成，也是「尊重的需求」之後的自我實現。

　　佇立在「德馨園」的徐博士銅像，雙手插腰的姿勢，猶如他每天仍在校園散步；望向大武山的神情，守護著他創辦的美和中學，以及為國家栽培無數「雄霸棒壇」英雄們的棒球場。他每日迎接大武山的旭日及學生；每天目送青青學子在霞光的椰林中離校返家。

　　校園中，蔣經國總統題字鑴刻的「教澤貽徽」四個大字，總是讓學生們停下腳步多看一眼，想像老董當年克勤克儉的晴耕雨讀，樸實無華的人格，以及對教育無私的奉獻。

　　如果說大武山是美和的守護神，那麼董事長便是美和精神的所在。每天他們交互輝映在人間以及美和的校園。

傳承、付出與美和新世代

　　美和治校，徐博士提出「北建中　南美和」的願景，董事會的運作也全力支持歷任校長的辦學理念和作風。民國 73 年，敬愛的徐傍興老董事長因中風療養了一陣子後在所有人的萬般不捨中離去，由長公子徐旦鄉先生繼任為董事長，秉持著父親的精神領導學校。民國 87 年，由二女兒房徐蕙英女士接任董事長。房徐董事長與弟媳謝純貞董事，全心全意的帶領董事會，傳承創辦人志業，作為美和邁向新紀元的堅強後盾。

　　謝純貞董事的父親是萬巒鄉鹿寮的望族謝明初校長，溫文儒雅又有才華，是很受敬愛的教育界前輩，因此很受徐博士的倚重，常在校園看到他的身影。謝家三女兒純貞是徐博士的三公子徐齊鄉醫師的夫人，二女兒純青則是林永盛校長夫人，四女兒毓貞是李健文醫師夫人，都是美和校務發展不可或缺的力量。

▲ 房徐蕙英董事長、謝純貞董事與棒球隊

▲ 校慶時美和棒球場就變成運動場

每天陪著徐博士在校園散步聊天的李梅玉校長，家住在美和村的教師宿舍，之後接任美和護專人事主任，為人慈祥風趣，總是帶給身邊人歡樂的氣息。他的大公子李正文是美和中學董事，如父親一樣的支持學校之興革；二公子李守文創業有成，是尚戀公司的董事長，也是現任臺北六堆客家會理事長，出錢出力扶持客家事務與美和中學之發展；三公子李開文美和畢業後就讀建中、國立臺灣大學物理系，獲得美國耶魯大學電腦博士。

▲ 徐博士與李梅玉校長伉儷

常年支持贊助學校發展的竹田名醫李瑞昌董事，也是徐博士的左右手，尤其對棒球隊的付出更是不遺餘力，在美和護專董事長任內建樹頗多。其子李健文醫師接棒董事，一樣用心於校務工作的協助推動；女兒李淑梅老師是美和中學的音樂老師，教過美和創校四十年來的所有學生，女婿李瑞麟老師更是國內有名的棒球「冠軍教練」。

對客家事務極其用心的前高雄市客委會主委廖松雄先生，十分肯定徐傍興博士對國家社會以及鄉梓的貢獻，尤其是美和中學的辦學成效和特色，更認為這是最具代表性的客家人物之一。在民國 110 年「六堆 300」的系列活動與硬體設施中，廖松雄先生極力爭取「徐傍興紀念館」的興建，讓大家能夠永遠緬懷徐博士的貢獻和人格風範。

　　難能可貴的是，新世代的美和人許多都是早期美和人的第二代，甚至第三代，傳承徐博士的辦學精神與校風，依然質樸善良，很自然的顯露出美和人氣質。

　　回顧美和一甲子的成長，除了教職員的努力，董事會與家長會更是扮演了穩定的力量和推手。

▼ 流金歲月　紅樓不變

全心守護美和成長的董事會與家長會

美和中學董事會是國內極其少見的只有付出、不領回報，全力守護學校的成長和辦學方向，甚至為了獎勵大家或因應學校急需而自掏腰包，堪稱為國內私立學校董事會的典範。多年來由房徐蕙英董事長領軍守護美和的董事群，幾乎都任職二十年以上，為校務發展竭盡心力的討論和支持。

近幾年來，美和的家長會長有許多都擔任過國小的家長會長，他們很驚訝的發現，美和的家長會並不像一般學校家長委員需要出資多少的潛規則，家長會對學校的贊助一切「隨喜」。在資源豐富的公立學校，家長會費也許是錦上添花；但對辦學經費相對拮据的私立學校而言，家長會費則是雪中送炭，家長會成員也因此更用心貢獻己力配合校務發展。

歷任的家長會長中，曹龍俊是校友，以其商場的霸氣，開啟會長「隨喜」贊助的積極氛圍。接任的張志鴻會長，積極把握各種機緣，鼓勵各方人士家長把孩子送到美和就讀。來自屏東市的林世煌會長，與各國小互動極佳，總是積極走訪各國小，協助美和中學在屏東市的招生。現任的程大維會長也是畢業校友，在警界服務的他，以其廣大人脈，壯大家長會的陣容，開創美和一甲子之後的家長會新氣象。

▼ 美麗安和　氣勢如虹

紅樓與河流

似乎古今中外的名校，都有紅樓與河流。美和中學有紅樓，也有一條古意盎然的小河流。在中學與老護專之間，這條小河流，是老美和人一定都知道的「黑龍江」；黑龍江旁的樹蔭下，老董徐傍興博士總是在這裡「上班」。常有愛唱歌的原住民學生，從安靜的宿舍或教室溜出來，拿著吉他偎在老董身邊高聲歌唱；還有美和護專的小姑娘，圍著老董諄諄指導那個腰圍一定要減肥，老董總是慈祥聽從「醫囑」，認真答應小護士們一定會注意自己的身體健康。

有時候，滿懷壯志的年輕男老師也會來樹下找老董聊天，老董從藤椅裡直起身子，微曲的身軀與專注的耳朵，不時點頭以及充分理解的表情，讓年輕人倍覺鼓舞。鄰里老舍及賢達鄉紳也會來到黑龍江畔，與老董開懷敘舊，這就是美和。

來到這座校園讀書的美和人，走向社會與世界接軌時，都同意這一所紅樓與黑龍江交織成青春記憶的校園，將是心靈記憶會飛向的故鄉。

住校生活點滴

一整天密實的課程結束，放學鐘聲響起。通勤生回家吃晚餐的身影雖令人羨慕，但是美和校園中，夜幕輕啟後的住宿生活，更是許多畢業校友成年後的難忘記憶。

通勤生離開校園後，更容易看到大武山上輝映著西天的霞光，也更能清楚聽到樹梢歸巢的鳥鳴；住宿生洗個澡換上輕鬆的衣服，走向芬芳撲鼻的晚餐。晚餐後的自習課程，由校內教官及課輔老師共同督敦，安靜的校園中聽得到野地裡的蟲鳴以及音樂教室傳來的鋼琴旋律，還有走廊下老師們輕輕走動的腳步聲。

晚自習結束後，男女學生各自走向宿舍，剛考完月考的那一週，舍監老師會在月光下帶著住宿生跳土風舞，踏錯步伐的嘻嘻哈哈與笑鬧，彷彿電影裡國外影片的場景，不像是迎接巨大聯考壓力的中學校園。

美和建校初期，學生宿舍的設備並不好；男生宿舍一個房間住 12 人，上下兩層樓住了二百多個男生，每次放學男生搶著到浴室洗澡，還因為人多，每個人都練就了洗戰鬥澡的模式，從臺東來讀書的楊正華說：「很好啊！我們去當兵的時候，洗澡從沒有輸過。」住在宿舍裡的男生，有時候晚上調皮愛作怪，舍監男老師就把這一群男生組成足球隊，每天放學後先帶著這二、三十位的小男生踢足球，到晚上就寢，鼾聲最先響起的就是這一群。宿舍規定是晚上 10 點熄燈，想要繼續夜讀的同學可以到三樓陽臺去，有一位初三學生陳順發，常常跑去舍監老師的宿舍問數學解題，常常大家都睡了，他還一個人倚在樓梯口側著燈光寫日記。這個乖靜憨厚的男孩子，後來考上臺北的建國中學；負笈他鄉後，長大不管到哪個城市，最想念的食物就是美和宿舍餐廳裡的客家肉燥與滷蛋。

住在女宿裡，老學姐一定會口述的歷史，就是早年石桂香老師的故事。桂香

老師整個人就像桂花一樣幽靜暗香，她總是安靜坐在女宿的舍監室批改作文。一日，夜深了，桂香老師放筆沉思之際，一抬眼看見一位陌生男子爬上窗欞凝視著她。若是一般女性，必然花容失色尖聲大叫，然而我們這位桂香老師，很淡定賞了對方一巴掌，喝聲：「看什麼看，下去！」這輕描淡寫的一篇傳奇，似乎成了美和女宿的鎮舍符，從此男宿女宿平安寧靜，沒有人敢來宿舍造次。

宿舍生活每天早晚兩次點名。每日清晨早點名後，住校生常常會圍坐在宿舍門口的花圃矮牆上讀書，老董事長徐傍興博士和李梅玉老校長常常會散步經過。「Good morning」，老董嘹亮問候大聲響起，並且還嚴肅的向學生行舉手禮；非得等到學生們也以嘹亮的「Good morning」大聲回應後，老董才會把手指從眉尖放下。這個溫馨可愛又逗趣的畫面，是老美和人心中永難忘記的回憶。

民國 74 年，林永盛校長任內，男女生宿舍開始整修。地板鋪上了地磚，牆壁刷上了潔淨亮麗的色彩，寢室裡的格局重新設計，整個宿舍煥然一新。還記得女生宿舍整修時，很多宿舍男生自告奮勇去幫忙拆除運送，樑縫中竄出一些小老鼠蟑螂和壁虎，幾個男生大驚失色，淡然自若的女生翻了翻白眼，手到擒來收拾淡定，每一個女孩都是巾幗英雄的氣魄。

美和的住宿率向來很高，一則是遠方家長聽聞美和辦學績效良好，願意不辭千里把子弟送來就學；二則宿舍管理嚴謹溫馨，甚有口碑，連近處的家長都很願意讓子女入住。鄰近美和中學，內埔邱藥局的么女千金邱日英，初一初二成績平平，初三入住宿舍後，成績突飛猛進，邱醫師伉儷雖不捨幼女離家，但也不得不佩服美和的宿舍管理剛柔並濟，能激發孩子成長潛力，也能學會大家庭手足眾多時，必然要明白的人際互動與分寸進退。

有一年的聖誕節，男女舍監老師突發創意，要舉辦宿舍布置比賽，並且男女雙方都可以前往對方宿舍參觀；青春男孩女孩聽到比賽消息，都覺得這是個「很

重要」的競爭——琳瑯滿目的各種布置，寢室主人盛情的接待說明，熱切的小心翼翼中，期待聽到訪客的讚美。宿舍當然不比家裡舒適，但願意把這個小窩居當作自己求學時期的家，用心稍加布置，每間寢室都是動人的。

宿舍中，有很多來自偏鄉部落的原住民孩子，每逢颱風來襲，原民孩子似乎都有微微的牽掛——山裡的親友家人，家屋野田及獵牧的犬。住宿生沒有把憂慮說出來，但是通勤生都停課了，空蕩蕩的教室裡只有風雨的聲音陪伴自習，想家的心實在無處安落。舍監老師帶著住校生到音樂教室唱歌，這些來自山上的原住民學生，在音符的跳盪中，把牽掛與祝福全都化成歌聲，寄託風雨送到父親母親以及族老的心中。來自臺東大武山區的鍾櫻珠說：「以前在美和讀書，有風雨的

▲ 住校生的集合時光　溫馨有趣

時候就會想家；現在啊，有風雨的日子就會想念美和。」

讓人想念的，不只是風雨中的美和宿舍，還有傍興館二樓的「輔導室」以及相鄰的圖書館。當時經由舍監老師的爭取，成為高年級住校生的自修室，舍監老師也常常陪考生讀書到深夜。當大家的自主學習風氣逐步成熟之後，大家又一起匯集書籍，成立「愛心書櫃」。許多同學飯後會主動來圖書館看書，「與書相處」的畫面，儼然成為美和校園中，一片令人想念的風景。

民國 70 年起棒球隊搬到學生宿舍，樓下的一半供其住宿，生活較為正常，舍監老師偶爾會集合球隊點名，教唱軍歌，舉辦同樂會。後來球隊開始參加晚自息及上課。住校生活是中學訓導工作的重點，民國 79 年開辦的住校生羽球比賽、桌球比賽、作文比賽，以及各種住校生研習營與親職座談會，更是利用寒暑假去參觀核能廠、去潮州游泳、去屏東聽音樂會還有各類型的同樂會。讓這些遠離家庭的孩子，擁有豐富的生活。

水銀燈下的世界

為了讓夜晚的點名擺脫「一個蘿蔔一個坑」的感覺，原本在禮堂餐桌上唱名的方式，改成在訓導處後方的廣場處相聚，並於此處特地裝設了水銀燈。少了油膩的餐桌味，多了夜裡青草露水的清新與芬芳，燈下的學生可以看到操場上的螢火蟲；偶爾迷路的螢火蟲，一起參加晚點名時，常會引起學生嘰嘰喳喳的騷動。

水銀燈下不只有舍監老師苦口婆心的叮嚀，常常也有踏踏步的輕鬆活動以及類似唱歌的答數聲；沒有話可以訓的時候，舍監老師就教大家唱歌，〈美和之花〉、〈銀色的小木船〉，輕快的小歌，讓住宿的夜晚沒有想家的愁懷。

▲ 山光依稀景如昨　那舊夢隨風飄走

　　有時候學生跟著老師玩得開懷，就在水銀燈下辦起了同樂會。還記得住在屏東縣霧台鄉的包聖福，因為膚色黝黑，常常被老師同學調笑說是古代的黑面判官包青天；這一天包聖福拿起老師的黃色粉筆，在兩眉之間給自己畫了個彎彎的月亮，吆喝著幾個同學一起自導自演「包公案」，把大家笑到肚子發痛，隔了幾天，老師們看到包聖福還是好笑，每一個老師都想拿黃粉筆在他的眉毛之間畫月亮。

　　水銀燈下的住宿回憶真是太豐富了，棒球隊的張耀騰與吳世賢，也曾經在水銀燈下優美熱情的演出，令人印象深刻；幾次的「班級夏令營」或「住校生夏令營」，都在這片水銀燈下寫滿溫馨歡樂的記憶。

▼ 水銀燈下的歡樂記憶

紅樓歲月

在臺灣的教育體制中，私立學校的生存與永續不容易。美和中學由客家仕紳創立，興立於客家族群聚落，但傳統客家人士，對於「公立」及「明星」學校的名位觀念，仍難擺脫刻板思維；此外，教育政策的轉變，除了高中增設之外，也開放讓技術學院及科技大學可增設學科招收五專學生。種種因素變化，讓私立學校的生存與發展益顯嚴峻。以高中為主體的美和中學，在一波一波的險峻變化中，更是首當其衝！

美和中學的兩棟紅樓在如此風雨中依然屹立不搖，每年招收很多優秀的學生來就讀，也栽培了很多菁英走出校門。即使受到少子化的衝擊，依然在逆勢中成長。

第一棟紅樓的二、三樓是高中部，一樓為國中部的一個年級，民國 67 年增設的職業科安排在四樓。外賓進出最多的總務處和校長室，在一樓的第一間和第二間辦公室，至今不變。民國 107 年調設校長室隔壁的一間教室，作為會議室兼第二校史室。早期因優秀國中生爭相往高雄和臺南地區的名校就讀，高中部的素質普遍不佳，每年考上私立大學者寥寥無幾，更遑論國立大學。自強班和菁英班先後成立後，開啟國中畢業的菁英學生留校的意願和風氣，大學的升學績效也隨之而來。

第二棟紅樓都是國中部，每年招生四到七班的新生，班名依序為忠、孝、仁、愛、信、義、和。國中生很優秀，來自屏東最多，臺東次之，再其次為高雄，每班都是五十幾人，每年考上高雄、臺南甚至臺北名校者大有人在，所以常常須要抽籤入學。

學生最常進出的教務處、訓導處和教師辦公室都在一樓，下了課就像菜市場一樣熱鬧。

始終不變的校長室

山不在高，有仙則靈，水不在深，有龍則靈，斯是陋室，惟吾德馨。第一棟大樓一樓的校長室，從創校至今，始終位置不變大小不變，具體面積就是一般教室的二分之一，蒞臨拜訪的貴賓有時候會開玩笑說「這是全世界最小的校長室」。小小的空間裡，掛滿了歷任董事長和校長的照片，民國 107 年，校長室旁的會議室設置完成，這些照片移過去之後加上傳之有年的校史文物，增添了許多歷史感。

從民國 50 年設校，招生初中部 5 班，老董徐傍興自兼校長後，旋即於民國

51 年禮聘李梅玉先生擔任第二任校長。李校長接篆擘劃，於民國 53 年增設高中部，招收新生 4 班，兢兢業業為美和的校務發展奠定良好基礎。民國 55 年，各種因緣際會下成立棒球隊，「雄霸棒壇」的歷史風雲肇基於此。劉德明校長於民國 63 年，接篆第三任校長，為滿足地方人士對人才的需求，於民國 67 年增設職業部電子科，後又增設電工科。

民國 71 年，第四任林永盛校長接篆，當時的美和中學，從創校之初各地名師及優秀學生爭相而來，此時卻因為「九年國教」的政策不斷改變，影響私立中學初中部的競爭。當時的艱難，讓新生班級只剩 3 班，所幸校方的教學政策主打菁英模式，也在社會各界留下極好的風評與口碑。也在這個時期，臺灣十大建設及經建計畫的政策有成，臺灣經濟飛躍後，私立學校的校務經營得以重現生機，往後持續蓬勃發展十餘年。

▲ 全世界最小的校長室

民國 87 年，第五任鍾永發校長接任一年半後，美和高中第三屆畢業生涂順振於民國 89 年 2 月接篆承擔第六任校長的繁重工作；在少子化的激烈競爭中，涂校長順利完成階段性任務，民國 105 年 2 月順利交棒於曾焜宗校長，曾校長以豐富的教育經驗和視野，在民國 110 年完成美和「創校六十　六六大順」的光榮任務後，第八任校長王致皓接篆上任。

林永盛校長的一支粉筆

林永盛校長認為，位處偏鄉的美和中學，在招生及各項發展條件上都屬不利，但之所以能於風雨飄搖中處鄉野而不墜，全賴創校之初的理念恢弘純正，以及全體教師及行政團隊長期的耕耘與努力。

回首美和創校第一年的師資名單中，可以看到在臺灣社會發展歷程中，有一個名字在文化藝術領域中很重要，就是：陳癸淼，他是美和中學當年首聘的國文老師。陳癸淼走入這片建於水田的校園中，紅樓水泥磚的鮮溼味，與周邊滿溢的稻香，交織成記憶中美和創校的味道；他承擔導師教授國文，以先秦思想中的名學理念，帶領學生領略中華文化的美以及邏輯思維；陳老師後來從美和校園走向政壇，各項作為中，以「文化藝術發展條例」最能提升臺灣教育的美學思考。由於他在文化界的重大貢獻，陳癸淼先生被稱為文化立委、立院大儒俠，當年他所凝望的大武山，如今仍在日出的東方，看著美和──苔綠悄悄擁抱著紅樓，當年新磚的味道，早已增添歲月流金的痕跡。

不苟言笑的林永盛校長，也擔任地理課程，對於地圖的掌握相當細緻。總是帶著一支粉筆走進教室，頃刻就畫好一個大地圖，然後鉅細靡遺的講解。林校長分析人物心理與歷史事件發展，絲絲入扣，偶爾穿插歷史軼聞與趣事，冷面凝重。時常學生笑倒一片了，他仍瞇著一雙冷峻的眼睛，紋風不動講述歷史。在林校長嚴謹的治校作為中，教師團隊也都積極戮力，當時的訓育組長涂順振老師，讓人印象最深刻的是，吃飯吃一半，碗筷一放就匆忙跑出去了。午飯時間常常是學生「最有事」的時候，一聽到風吹草動他就跑出去了。林校長在講「周公吐哺」這個歷史故事的時候，時常會把這個畫面拿出來分享。

為了強化親／師／生三方關係的連結與互動，美和的老師們常常要在假日騎機車到處家庭訪問，甚至在班級經營以及住校生管理的問題，要遠赴臺東深入拜

訪學生親族。李的明學務主任畢業於國立臺灣師範大學衛生教育系，在美和任教將近四十年，其中有很多機會可以轉到公立學校甚至大專院校任教，但他選擇留在美和，從住校學生的生活輔導到訓導主任和教務主任，他是屏東縣資歷最深的學務主任，任教四十一年退休時，董事會肯定他對美和的奉獻，聘為董事至今。

涂順振校長的美和之家

民國 57 年初，一個失學兩年的男孩，轉學進入美和高中讀高二下學期；在這裡，他終於找到自己的潛能與志業。定靜下來讀書的大男孩，終於順利成為美和高中部第三屆的畢業生。民國 89 年，他的名字掛上美和校史室的牆上，他是美和薪火相傳的歷任校長中，第六個名字——涂順振校長。

涂校長的四方臉加上很接地氣的氣質，認識他的人都覺得：武俠小說裡斗大的「義」字，完全就是他這個人鮮明的性格。他對政治和社會現象很有敏銳的觀察力及批判力，又因為能言善道，常為不平者而鳴，因此很有群眾魅力。民國 81 年，他參選立法委員時的競選歌曲〈客家本色〉，後來成為大街小巷耳熟能詳的客家代表性歌曲。

他很愛狗，也把養狗的故事，轉為教學生涯中很棒的「生命教育」課程教材；他家裡牆上的匾額，寫著斗大的「美和之家」四個大字，因他們家中五人全是美和畢業（夫人吳鳳英小姐為美和護專畢業，三個孩子也都是美和畢業生），夫妻兩人終生服務在美和，跟這個校園的緣深情重無法以筆墨來形容。

涂老師初回美和服務時，當時的黃國忠訓導主任（美和董事），也是涂校長學生時期的老師，為了磨練愛徒，黃主任總是把最難帶的班或最繁雜的工作交給老涂，讓老涂從中學到許多經驗以及人際互動的耐性。

　　民國 71 年因為參選國代的關係，老涂常有機會回校拜訪創辦人徐傍興博士和老校長李梅玉先生，兩位學界的碩德耆老在欖仁樹下的金玉良言，讓老涂的智慧脫胎換骨，尤其李梅玉老校長謙謙君子的學者風範，更讓老涂欽佩嚮往。潛移默化的言談，讓他學習到掌握大原則及大方向的治校理念；另一位林永盛校長的勤樸、廉潔、內斂，也讓豪邁不拘小節的老涂，留下深刻的景仰和體認。創辦人徐董事長留下來「自然、質樸、善良」的精神典範，更是後來涂校長治校過程中，深信可以取之不盡，用之不竭的資產，也是學校可以永續生存及發展的原動力。

　　學習老董，每天早晨未到 7 點，涂校長就站在校門口看著學生走入校園。由於只有大學畢業，他常常自嘲自己是全國學歷最低的高中職校長，但他撰寫刊登在期刊或報紙的文章數量，幾乎著作等身。涂校長帶領美和走向「多元智慧、全人教育」，也積極營造質樸的校園環境以及學生善良的生活習性。

　　涂校長「以質樸、善良、自信、快樂、活力」為辦學理念，營造出多元的校園生活與亮麗的入學、升學成績，讓「美和」品牌有口皆碑。

曾焜宗校長的鮭魚返鄉

　　民國 69 年預官退伍，和大學物理系同班同學王寶樹老師一起來美和的曾焜宗老師，兼任導師和舍監老師。完成教育碩士學位後一年，成為美和第一位碩士教師，民國 81 年離開美和，先後到臺南的新化高中和屏東的潮州高中服務。

　　民國 89 年 2 月，美和中學由涂順振主任接任校長，同年 8 月，曾焜宗老師接任同在內埔鄉的內埔農工校長。在美和任教時，兩人有為美和奮鬥的革命感情，又一起在天安門事件後的第二年到中國大陸旅遊和蒐集教育文獻。沒想到，同一年陸續當上內埔鄉唯二的高中職校長。

　　曾老師對美和的感情很深，離開美和的這些年，常回到美和校園看看總務處旁的梔子花是否如昔盛開芳香，籃球場上是否也是師生鬥牛在一起。回首當年在美和的師生歡笑與淚痕，曾校長在第一屆新制的國立高中職校長遴選中名列榜首。當時，教育部遴選委員的第一個問題是「辦學理念」，曾老師的回答是：「讓學生喜歡學校，學生自然會認同學校所教育的一切。」他的具體做法是「營造一個多元智慧的學校」。曾老師分享美和中學的教學經驗，以及「歡樂可以產生智慧」的理念，旋即受到肯定而錄取。

　　民國 102 年 8 月，曾老師回到心深繫念的美和中學任教，並負責圖書館的工作。在外教學多年，鮭魚返鄉的曾老師發現，當公立學校忙碌於爭取經費來重建大樓與增添設備時，美和中學對教育園地的勤苦耕耘始終執著用心；美和校園中始終保有的質樸善良與真實，真是耐人尋味。

　　曾焜宗校長於民國 105 年 2 月接篆，是第一位當過內埔鄉兩所高中職的校長。延續之前「歡樂可以產生智慧」的教學特色，曾校長規劃美和未來的願景是「歡樂　多元　美和新視界」，結合美和現階段擁有的多元表現，提升成為具備高度視野的學習環境。「校長是有任期的，但教師是永久的志業」，每當學生聚精會神的聆聽，或專注感受教學課程中的美感與生命價值，那種心靈共振的感動，是教師志業中最大的收穫。

美和的教師圖像

　　往昔，美和的教師辦公室位於第二棟大樓樓下，近年來則將高中部導師室移動到第一棟三樓。幾乎每一位老師的桌上都擺滿了書和測驗卷，勉強騰出的形狀只剩下可以趴下午睡小寐的空間。老師們的辦公室大門，從來都不上鎖的，學生進進出出，下課時候的熱鬧，就像菜市場一樣。

　　美和新任的老師都要兼任宿舍的舍監老師，雖然辛苦，但師生之間的互動和感情很好，因此新老師的流動率不高，而且認真教學的態度，總是很得家長的信任。

　　畢業後的學生最常回校探訪的石桂香老師，是學生最難忘的。在美和當教官的趙志心主任，退伍後回校當訓導主任，由於頭髮幾乎全禿，跟演員麥嘉很撞臉，因此被學生戲稱為「麥嘉」。有老師問他：「學生這樣叫你，你會如何？」「不在我面前就算了，如當著我的面，那可不行！」他說到做到——某日放學，調皮的學生搭上已輪動的校車，在窗口向趙主任揮手大叫：「麥嘉再見！」趙主任一聽，立馬騎上機車追去，直到長治為止。

　　那是一個未禁止體罰的年代，在家長支持體罰的氣氛中，新學年一開學，趙主任會帶著一大把藤條發給每一位老師。上課鐘響，許多藤條就這樣進入教室，即使如此，由於老師們教學認真且關愛學生，在當時也很少聽到家長或學生的怨言。

▲ 令人難忘的石桂香老師

　　師大畢業就到美和的李的明老師，當過訓導和教務主任，董事會肯定他在美和四十年的付出，退休後聘為董事至今。另一位黃國忠董事是徐博士愛將，當過美和人事和總務主任，之後考取國中校長，在屏東明正國中退休。

　　在美和教學過的老師，如轉任到公立學校

後，總是很受到讚譽；不同特質的老師，呈現不同的教學和行事風格，這也是美和中學的教育氣氛中，百花齊放，五彩繽紛的重要原因。

世界上最寶貴的樹

王寶樹老師退伍後就來到美和中學任教物理，也兼任舍監老師。由於他為人隨和幽默，大家都叫他「阿寶」，學生則稱他「阿寶老師」。有一次，他帶學生遠赴滿州旅遊，走在佳洛水的山路中，一位男生對著群山大聲吶喊：「世界上最寶貴的樹叫做王寶樹！」層層迴聲在山巒傳遞，退休多年的阿寶老師至今仍難以忘懷。

學生的吶喊，其來有自。為了垃圾車的超高分貝影響學生讀書，阿寶老師花了很多時間和心力進行測量紀錄，以及統計與分析，後續提出建議及陳情。此外，為了改善宿舍的伙食問題，又花了將近半年的時間尋找改善策略。阿寶老師在〈美和十二年〉一文中有如下的描述：

> 為了辦好伙食，早上 4 點鐘起來，與曾老師輪流去買菜，為了煤炭錢（以前燒煤），跑去屏東煤廠親自過磅，並乘著拼裝車招搖屏東市，直殺入美和，計算煤的燃燒量，為了雞蛋，打電話、查報紙比價錢，而且算出每一位學生蛋的平均消耗量，為了米，拿著照相機到處訪查米價，與米商幾乎起衝突……打聽沙拉油的價，每天算的不亦樂乎。

民國 81 年，阿寶老師和曾焜宗老師轉往公立學校任教之際，不忘美和的招生大業，為了鼓勵優秀的國中畢業生留校就讀，兩人成立「愛校獎學金」並每年固定捐贈。阿寶老師退休後，長期擔任高雄女子監獄的教誨志工，這期間他擇善固執的精神，以及為教育的奉獻與付出，確實就像學生吶喊的「你是世界上最寶貴的樹」。

老師，您的名字叫「認真」

美和邁入一甲子，年輕的老師成了教學團隊的主力軍。細數在校服務超過三十年的老師，數學老師陳光陽是最資深的，在總務處任職的賢內助雪芳，也是非常用心體貼的「師母」，夫妻倆常會帶學生回家自修和課業輔導，是全校家長都很認同的老師。光陽老師最大的休閒活動，就是放長假時騎重機到臺東紓解壓力，買東河的包子回來讓大家品嘗，這充滿陽光味道的包子，也是美和生活中的重要記憶。

負責學校人事工作已近九年的李淑琴主任，任教國文，不論教學或行政工作，都很受到學校器重，期間也曾兼任教學組長、學務主任和圖書館主任。不論承擔什麼職務，學校大小事都會主動去關心，也因此處理到許多微小卻重要的問題，她是學校大小活動的最佳司儀，也是臺灣客家女子最美好傳統典範的實踐者。

另一位國文老師陳俐玲，喜歡旅遊和拍照，並能寫一手好詩與文章，校刊〈美和青年〉因她的作品而生色不少，她也常指導鼓勵學生進行創作並在課堂上分享報告。她的慈母特質擁有一股非凡的吸引力，學生畢業後總還是喜歡回來找她。

梁義德老師編制在職業科，任教電子和資訊課程，面對一群喜歡技藝更勝於讀書的職業科學生，梁老師自有一套磨練三十多年的獨特管教方式，在四技二專的升學中，總是能夠大放異彩，連年考上國立科大，甚至北科大及臺科大的優異成果，讓他在校園中自有一股震懾人的光芒。

年輕的教師群中，擁有高學歷者漸多，第一位在美和教書的博士老師，是陳郁王老師。這些遠從高雄跨越高屏溪來到美和的老師們，每一個都拚命認真，有幾位歷練過高中菁英班的導師，都是直升高中學生心中最大的期待。老師們雖然

自覺壓力很大,但也總是通過考驗,交出優異的好成績。教數學的楊永慶老師,當導師期間就常一大早帶頭和學生在校門口掃地,接下教務主任工作,一樣拚勁十足。另一位擁有博士學位的申仕政老師,帶出許多考上醫學系和國立臺灣大學的學生。國中導師除了認真教書外,和家長聯絡時的熱忱與用心,都能在家長聯絡簿上看到,這也是美和國中部招生的穩定力量。

如今甫接第八任篆印的王致皓校長,每天帶著女兒從高雄開車來美和,女兒從國中讀到直升高中,王校長以家長的角度為美和的校務注入更高視野的發展策略。尤其這兩年來面對疫情的嚴峻,王校長以積極的態度去迎接應變,讓整體的教學活動及招生策略不致於受到太大幅度的影響,眾人有口皆碑的肯定,讓他的肩膀接下校務領導的重責大任。

▼ 紅樓中庭的秋意　是千風之歌的美景

從雄霸棒壇
到遍地開花

進軍世界大賽的冠亞爭奪戰，讓全臺民眾徹夜不眠群聚在電視機前。遠方深夜傳來各種慶賀獲勝的鞭炮聲，讓屏東的星野充滿奇幻的興奮，棒球英雄的名字閃耀在第二天各大報的頭版上，美和，成為臺灣歷史上一個無法被人遺忘的名字。

開啟臺灣棒壇的不朽傳奇

民國 58 年，金龍少棒隊勇奪第一個世界少棒冠軍後，後續卻面臨了相當困難的前途抉擇。當時多數球員家庭並不富有，在球場上表現優異的球員極有可能都必須各奔東西就業謀生。當時在許多有力人士奔走下，金龍少棒隊全體球員有望可以保送進入蔣宋美齡女士所創辦的華興中學就讀。

隔年（民國 59 年），七虎少棒隊原想依循金龍模式，拿下冠軍進入華興。然而，就在全國民眾徹夜守在電視機前為七虎加油打氣的時候，世界少棒冠軍的衛冕寶座卻失之交錯，在民眾的扼腕聲中，失去了冠軍獎杯。七虎痛失的不只是

▲ 蔣夫人與棒球小將歡聚介壽堂

冠軍頭銜，還有進入華興就讀的機會。
此時無法援引金龍前例，抱著亞軍獎盃
的七虎，只能黯然撿起球場球具，準備
離散各謀生計。

此時的美和中學，緣自於民國 57 年
「九年國教」的政策啟動，初中教育成
為國民的基本權益與義務，政府的教育
經費預算，積極挹注於公立學校，而財
源必須自措的私立學校，在招生及各面
向的建設上，則更顯困窘。但是，創校
的老董始終堅持：「年輕人若肯努力若

▲ 徐博士分享棒球隊名揚四海的喜悅

肯吃苦，這個世界一定要給他們一條路。」於是，在各方人士的奔走下，七虎
少棒隊的小國手們，最後全部南下屏東，保送進入美和中學就讀，學費住宿以
及伙食訓練，一應開銷由校方支出。社會輿論充滿愕然與敬佩，大家都贊同老董：
肯吃苦肯努力的小球員，怎麼捨得讓他們解散？沒有誰能夠有魄力把七虎承接
下來，只有這位來自偏鄉的醫學博士，以超然慈悲的膽氣與魄力，讓七虎來到
美和的寬天大地。民國 59 年，美和中學成立棒球隊，開啟臺灣體壇上不朽的棒
球傳奇。

曾紀恩，你在哪裡？

民國 60 年的各大報紙媒體，刊登了一則奇妙的尋人啟事：「曾紀恩，你在
何方？球在等你。」這是美和董事長徐傍興的傑作。

曾紀恩是屏東縣內埔鄉子弟，他的國小同班同學廖丙熔是美和的理事。當時

▲ 鐵血教頭曾紀恩

曾紀恩是空軍虎風球隊的兼任教練，知道美和老董在找他，曾紀恩立馬整裝回鄉。他說：「為家鄉服務是我的責任。」

最初，美和棒球隊為七虎而成軍，此時卻因球員榮獲冠軍之後紛紛轉學華興而面臨無軍可用的尷尬處境。在徐傍興的懇請下，曾紀恩來到球隊的第一個任務就是招找球員。他透過臺中的金龍隊找到江仲豪、楊清瓏、陳昭銘、林俊民、王明怡。另外又陸續找來徐生明、張沐源、梁敬林、李居明、唐昭鈞、魏景林等人。隊形初具後，曾紀恩仿美日的職棒模式，分成一軍二軍，互相對抗比賽，培養經驗與技術。

苦練一年，就像臥薪嘗膽的句踐復國，民國 61 年的國內青少棒選拔賽冠軍戰中，美和與華興正面交戰，在淚如雨下的歡呼喝采中，美和奪到冠軍獎杯，也正式開啟臺灣運動史上「南美和　北華興」的精彩戰史。

軍人出身的曾紀恩，管理球隊非常嚴格。「球打不好沒關係，紀律精神絕對要第一。」每天早晨 5 點半，球員起床時，鐵血教頭曾紀恩已經在樓下等著了；下雨天，全員集合司令臺唱軍歌，這是精神與團體凝聚力的鍛鍊。 鐵血教頭還發明一種「乖乖針」，讓非棒球隊的一般學生也聞風喪膽，說穿了也就是從學校操場跑步去內埔醫院，找到曾教練的好朋友醫生打乖乖針（維他命 C 營養針），然後跑步折返學校跟曾教練報到。

當時的年代是可以體罰學生的，很多考試考不好的學生寧願蹲馬步挨手心板，也絕對不肯打乖乖針，覺得自己乖乖跑步去打針，實在太虐心了。

出身臺中的美和人

曾紀恩掌軍美和球隊的首要任務就是尋找小將。當時他找上江仲豪，帶去空軍球場考試，隨即錄取，但是江仲豪不肯去屏東；江媽媽硬是把江仲豪帶到曾紀恩的跟前，深深一鞠躬說：「這個孩子拜託您了。」

來到美和的江仲豪，初二那年沒選上中華隊，意興闌珊，整天躲著不理人也不練球。有天，曾紀恩看到江仲豪，冷冷的問：「為什麼不練球？」「沒有進步，不想練了。」冷峻的曾教頭說：「要回去就回去，我給你車錢。」江仲豪一聽，站在原地淚如雨下，想起在餐廳打工的媽媽當初那麼懇切的託付；淚雨落完，江仲豪跑回宿舍換球衣，立馬跑回操場開始練球，從此六年再也不曾遠離美和這片紅泥操場（民國 65 年畢業於美和高中部）。民國 80 年投入中職的元老中，仲豪是第一位出身臺中的美和人。

史上最強的美和招牌牛奶

回憶中，所有球員都一致贊成屏東內埔的客家食物真的超級棒。平時的伙食是五菜一湯，賽前兩個月的伙食更是加強到八道菜。被羅德岱堡當地報紙體育頭條盛讚為「溫和的巨人」的趙士強，他的母親鍾昭麗說：「士強以前不是這種身材的，都是棒球把他養壯的。」趙士強記得的客家早飯，是把白米飯加肉燥、蛋、米粉攪在一起，龔榮堂最記得的則是客家豬絞肉。

令所有球員難忘的食物還有撿來的蓮霧。當時球場周邊都是椰子樹、蓮霧園及竹筍田。剛加入球隊的小國一，首要任務就是把學長打飛到農田的球撿回來，趙士強這群小國一當年最喜歡的事情就是去蓮霧園撿球，因為可以順便撿蓮霧吃。徐傍興董事長常常搬張藤椅坐在球場後面看練球，休息時就問大家有沒有吃什麼喝什麼？趙士強說：「當時的球員沒有在喝白開水的，因為我們老董總是請人準備人參鬚（水）給大家喝。」老董還常常帶來紙袋兩公斤裝的克寧奶粉，讓工友泡在大桶子裡給大家無限暢飲。這就是傳說中無限暢飲的美和招牌牛奶。

老董很在乎球員的伙食，找了當時負責男生宿舍的兩位舍監王寶樹與曾焜宗老師「想辦法」改善伙食。兩個大男生，首先提出的解決之道就是減少盤商轉運的費用，直接入場採買可以殺價比較便宜，於是，兩個未婚男老師提著菜籃早上4點半進入市場買菜，並且跟賣菜嬸婆計較斤兩的模樣，成為當時市場裡令人難忘的記憶。

那時的廚房，還是燒煤的年代；秉持買菜的精神，王寶樹老師開著拼裝車，親自開去屏東媒場過磅買煤，然後再開著拼裝車，喀啦喀啦從屏東市開回美和校園。聽從長輩的建議後，兩位男老師開始打聽各處米價跟沙拉油以及雞蛋行情。為了貨比三家不吃虧，兩個男老師拿著報紙跟照相機去訪價，也惹得米商滿肚子不高興。米商完全不肯相信這是教育機構的物理老師跟數學老師，爆口直言一定是哪個競爭對手派來的臥底；後來看見阿寶老師的筆記本上，工整的字體計算著每一位住宿生每一餐的食材平均消耗量，才怒火稍平。「你們這是哪個教育單位？」「美和中學」「教書有需要教到這樣嗎？兩個大男人每天提著菜籃去買米買菜？還殺價！」

王寶樹與曾焜宗兩位老師憋曲著臉說不出話來，只能說：「阿我們美和中學，棒球隊的，真的很會吃。」老闆笑了，因為他也是美和棒球隊的支持者。

那一年，我們半夜看球賽

　　國內三支青少棒勁旅（美和、華興、榮工），最令人想看的是哪一支球隊？相信很多人的答案都是美和——因為美和青少棒是出師威廉波特世界少棒賽未獲冠軍，無法入學華興，而被美和老董納收而來的「七虎少棒隊」所組成。此後的美和棒球隊，一直以「民間 vs 官方」、「平民 vs 貴族」的姿態比賽，且戰績輝煌。此外，美和棒球場的設備也是三支隊伍中最克難的。大批廢棄的汽車輪胎，就是他們最主要的體能訓練道具。黃昏時候球員們拖著輪胎跑操場，訓練腿力；晚上則揮棒擊打樹上輪胎，訓練臂力。美和球場的兩大特色，一是地處南臺灣，下雨機會少，可利用練球的時間多，二是場地不大平整，不規則彈跳的球以及地面多變的球場應變力，反而訓練出美和的守備始終維持一流。

▲ 載譽歸國　全國歡騰

47

▲ 棒球英雄們寫下臺灣運動史的傳奇

　　國內棒球迷最津津樂道的戰事，絕對是國內三級棒球相繼成立發光時，美和與華興的對戰，尤其背後成軍的辛酸故事，更讓這場比賽更勝美國大聯盟的熱絡：進軍世界大賽的冠亞爭奪戰，讓全臺民眾徹夜不眠群聚在電視機前。遠方深夜傳來各種慶賀獲勝的鞭炮聲，讓屏東的星野充滿奇幻的興奮，棒球英雄的名字閃耀在第二天各大報的頭版上，美和，成為臺灣歷史上一個無法被人遺忘的名字。

　　那些年，「雄霸棒壇」的美和，榮獲全國青少棒冠軍 17 次，青棒 14 次；世界青少棒冠軍 11 次，青棒 9 次。那真是一個輝煌傳奇的年代。

永遠的冠軍

「冠軍！」每逢喝酒划拳，他的第一拳，永遠都是「大拇指第一」；他的酒令第一喊，絕對都是：「冠軍！」他就是美和棒球史上另一個輝煌的名字：李瑞麟。

其實，「冠軍」的名號，不完全來自拳友們的尊稱，更因為在臺灣的棒球傳奇上，他是名符其實的冠軍教練。民國 63 年，開始棒球生涯的李瑞麟，隔年帶領美和青少棒進軍世界杯，就拿下臺灣史上首次的冠軍榮譽，25 歲的李瑞麟，成為史上最年輕的國家教練；往後數年，他只要帶美和青少棒參加世界盃，幾乎都是冠軍回國。除了囊括各種冠軍獎杯，各種表揚獎狀也陸續掛上李家滿滿的牆面。李瑞麟拿完教育部歷年表揚的所有獎章，開始拿部頒特等大綬特一級獎章，之後，教育部開始頒授金牌給李瑞麟。除了教育部的三面金牌，國防部也史無前例頒發獎狀給非軍職人員的李瑞麟，於是，「冠軍！」這兩個字，直接就是他的名字了。

物理老師的弧線理論

黃昏時候，李瑞麟總是集合球員講話，鉅細靡遺針對每位球員，檢討各自的投球接球以及打擊動作。喜歡看球員練球的人，除了董事長徐傍興、美和護專的小姑娘，還有美和中學的兩個年輕男老師。

話說李瑞麟常常親自下場擊高飛球到遠處給外野手練接球，球員接不好，就一再重覆練習。有一次，球員因為判斷球的落點太遠無法追上而沒有積極救球，讓李瑞麟狠狠斥責了一頓。這次李瑞麟故意把球擊偏得更遠，這名球員拚命追球仍未能讓教練滿意，又被狠 K 了一頓。第三次，擊出的球不知為何沒往前飛，反而往後飆，這兩個年輕男老師看得有趣，哈哈大笑起來，其中一位王寶樹老師

笑得特別大聲。

李瑞麟拎著球棒，表情嚴肅往兩位男老師走來，兩位老師正想溜之大吉，被李瑞麟攔了下來：「我這些球員，苦苦傻練也不是辦法。你們能不能幫忙，從物理學的角度幫我們分析，怎樣才能把球精準打出去？」

於是，美和棒球隊的訓練教戰，從土法煉鋼開始進入有科學頭腦的物理弧線，這兩位男老師都是物理系畢業的。李瑞麟與兩位老師從物理觀點作分析，畫出各種弧線與角度，找出最有利於球員投球與打擊的角度及姿勢。美和球隊中除了有「重砲楊清瓏」、「微笑喬治趙士強」，還有個「諸葛鐵捕」洪一中，這個諸葛鐵捕之所以神奇妙算，就是因為能夠精準判斷來球的各種方位變化，因此得到諸葛美名。

除了把物理帶進球場訓練，有天，曾焜宗老師看到投手張俊卿枯坐伏案寫檢討報告，寫了五次都被退回重寫。曾老師納悶著問：「這樣寫有效果嗎？」李瑞麟教練說：「你看著下一場吧！」果然，張俊卿接下來的球場表現，判若兩人。此後，棒球場上的教戰策略進入另一個境界：懂得思考的球員，能在極限中挑戰求進步，嚴格的反省與琢磨，都是球員進步的不可或缺。

除了阿寶老師努力畫物理弧線，曾焜宗老師開始承擔球員其他課業的提升以及課外常識與藝能的補充。在李瑞麟教練的規劃下，利用晚自習時間指導球員的生命教育課程，並鼓勵多到圖書館借書和閱讀，成為當代球員生命美學課程很重要的部分。

李瑞麟教練的生命奮鬥

　　為了提升對球員的訓練，李瑞麟遠赴日本職棒及美國道奇隊取經，學習各國精奇的技巧和作戰策略，對球隊的訓練與要求也有了新的模式。嚴格的生活教育，是李教練的堅持，更是決定球隊整體素質表現的重要關鍵，美和棒球隊小將的表現就是如此。每天黃昏，球員撲球、滑壘、摔得一身泥土；第二天清晨練球時，每位球員的球衣卻是一身潔淨。這是李教練對球員非常要求的基本生活教育之一。

　　所有球迷都同意，美和棒球隊的球員是全國最有禮貌的團隊。曾經有球迷拿一顆棒球想要請名氣正響的時報鷹廖敏雄簽名，原以為不容易，沒想到廖敏雄不僅很爽快的答應，簽名後還不理會專車要開，急著幫他把字跡吹乾，讓他十分感動，這是美和球隊重視生活教育，引起的佳話迴響之一。

　　不只是對球員嚴格，李教練在普通班學生的體育課，基本體能訓練也是嚴格照操；學生雖然叫苦連天，卻因為感覺新鮮而甘之如飴。體育課上他會把新知識灌輸到學生身上，因此上課內容年年不同。記得有一年美和中學與美和護專共同辦理的聯合運動會上，他是整個運動場上的總指揮，雄壯整齊的隊伍加上威嚴的號令，總指揮意氣風發的英姿，是大家難忘的景象。最有趣的是師生大隊接力比賽，李教練

▲ 李瑞麟教練在道奇

接棒後猛追前面國一小男生，老鷹抓小雞的畫面讓戰鼓齊鳴，也讓會場笑聲翻騰不已。

　　教練雖以嚴格出名，他的夫人李淑梅老師的開朗與熱心，卻是美和所有學生最暖心的記憶，李淑梅老師的音樂課，帶領學生翱翔在世界經典名曲旋律中，除了自己的三個親生女兒，校園中的球員與學生常常喊他們「老媽」、「老爸」，此起彼落的呼喚迴盪在校園，整個美和就是一個家。

　　民國 80 年 5 月，教練罹患鼻咽癌；一連串煎熬的療程後，病情一解除，他

▲ 李瑞麟教練夫婦的大家庭

立刻投入職棒行列。歷經少棒、青少棒、青棒、成棒等不同階段的數次冠軍教練後，李教練把目標放在國內正在興起的職棒上。以他的資歷，早就是各球隊積極爭取的熱門教練人選，但他個人所堅持的原則與風格，遂使他多年後才開始執掌時報鷹棒球隊的總兵符，並言明五年內要成為職棒的冠軍教練。

在用兵遣將的調度中，昔日雄風重現戰場，新成軍的時報鷹小將在冠軍教練的帶領下很快闖出一片天空，雖然冠軍之路仍遠，但球迷日增，來自於親友、學生和球迷組成的啦啦隊陣容十分龐大，間接帶動了中華職棒比賽的人潮和熱鬧場面。在六隊競爭最激烈時，各隊紛紛延攬日本職棒教練來臺擔任總教練，只剩下李瑞麟一位是本土總教練，他因此成為球迷及媒體眼中的「抗日英雄」。抗日英雄果然不負眾望，如願的在時報鷹成軍的第五年拿到了冠軍。李瑞麟的名氣和時報鷹的氣勢，正如日中天。

令人扼腕的是職棒賭博放水事件在此時爆發，多位時報鷹球員涉案，不僅斷絕了時報鷹問鼎總冠軍的機會，李教練也在長期辛勞及憂心球員前途的交互煎熬下再度病倒了。治癒回鄉後的李教練顏面全變，身軀消瘦，讓人很難接受他是昔日虎背熊腰，在球場上叱吒風雲的冠軍教練。但是他仍然勇敢，樂觀的面對這一段完全不一樣的人生。

遠離球場及刺激閃亮的人生，李教練回歸美和農村平靜的生活。在看書禮佛的日子裡，他對人生有了更深沉的體悟，他的話題依然離不開棒球，甚至將球賽精神與人生哲學合而為一。從前，他是棒球界的冠軍教練；在與癌症病魔長達九年奮戰的艱苦歲月中，他屢次化險為夷，屢次締造生命奇蹟，他為生命奮鬥的風姿更精采——在病魔的眼前，他也是令人喝采的冠軍教練。

青棒合唱團

　　有一年，諸多因素讓美和決定解散棒球隊，消息傳出引起很大的震撼，畢竟美和是國內得到青少棒、青棒世界冠軍最多次的球隊，對於國內棒球運動有相當大的貢獻，一旦解散，不僅棒球運動受挫，球員也將面臨何去何從的問題。當時，也有老師支持解散棒球隊的，一來球員佔用操場練球犧牲了一般學生利用操場的權利，二來每每想到球員為練球不能正常上課，犧牲了自己接受教育的權利與機會，總覺得未必較好。但看到他們在烈日下努力操練卻依然恭敬有禮不怨不忿，又覺得不忍心解散球隊。

▲ 第一代青棒合唱團參加屏東縣合唱比賽

　　氣氛低迷之際，不知哪個調皮鬼提議辦一場球隊同樂會，抒解最近的壓力和鬱卒。畢竟是陽光下開朗慣了的球員，團結有朝氣本來就是他們勤苦練球的另一面，大家熱烈贊成後，隊長陳耿佑立刻安排準備工作。

▲ 第二代青棒合唱團在美和護專登臺演出

　　那晚，球隊同樂會的笑鬧聲，爆棚美和的星空，從全體大合唱展開序幕，接下來的舞蹈及戲劇演出，應屬棒球投打、跑壘等動作的機械

舞最具特色。在當年保守的風氣中，最引人發噱的是「世界小姐」選美大賽，吳世賢借用了廚房兩個「碗公」兜在胸前成為超級波霸；夏威夷女郎鄭添盛則以頭戴墨鏡，加上妖嬈的比基尼裝綽約登場，其他四五個美女隨著音樂狂跳大腿舞，渾然忘記球隊將要解散的命運。幾天後好消息傳來，學校宣布不解散棒球隊，教育部也拍案通過決定長期補助美和棒球隊的經費。幾個「美女」堅稱，這樣美好的結果，是因為他們的「美貌」感動了校長還有教育部長。

這一場同樂會的大合唱，唱出了球員另一個心思，「我們要進軍屏東縣的合唱比賽！」球員的歌聲雖然大致不糟糕，但是有幾個小將常會自比為歌王裝腔作勢大聲歌唱，而且音感都不太準，要把他們訓練成兩部合唱或三部合唱，實在費力又困難。他們很能大聲唱歌，要讓他們唱小小聲卻又很困難，指導老師建議他們去想想：貓捉老鼠的時候，是如何傾力且小心？這群球場小將顯然都是猛虎不是病貓，唱出來的歌聲真是令人啼笑皆非。這次比賽雖不像棒球比賽一樣能搬個大獎回校，但主辦單位刻意強調這個是「美和棒球隊合唱團」來參賽，依然是頒獎典禮上最風光的一隊，這個參加合唱團比賽的故事，也成了臺灣體壇上一頁珍貴的歷史。李瑞麟的夫人李淑梅老師翻找此次合唱比賽的照片給大家看：「你知道這個歪著頭、醜醜的男孩是誰嗎？」哈哈哈！那是棒球王子廖敏雄！

南美和　北華興 OB 賽

民國 107 年，在棒球隊校友會龔榮堂理事長規劃下，經由趙士強與楊清瓏學長的大力奔走，「南美和　北華興」的 OB 賽在美和中學棒球場舉行。久違母校的趙士強說：「現在看起來場地好小，我們當年球都打到椰子樹那邊去！」主辦的曾焜宗校長回答他：「那是當年，現在打看看啊！」果然，當年強打的微笑喬治沒打出大家期盼的高遠安打。畢竟是相隔三四十年的歲月了，要打到椰子樹那

▲ 民國 107 年　南美和　北華興 OB 賽

邊的安打、全壘打並不容易。南北兩強聚會，大家都很興奮，華興一部遊覽車來
到屏東，由北體林華韋校長帶隊；美和的校友回來更多，中職名教練洪一中躍躍
欲試，一大早就趕來換裝，這是一場有歷史意義的賽事，當地民眾和當年的棒球
迷，更是蜂擁而來。在強大的地主氣場下，強龍難壓地頭蛇，比賽結果當然是由
地主隊美和獲勝。

▼ 民國 109 年　南美和　北華興 OB 賽

　　民國 108 年，華興棒球隊成立 50 周年，南北雙雄的 OB 賽轉換到臺北陽明山上的華興中學棒球場。此時地主隊華興中學人多勢眾，最大亮點是華興第一代的旅日名投郭源治也上場投球，美和則由統一獅的 MVP 強棒高國慶客串支援承擔美和投手，君子之爭揖讓有禮，此次竟然地頭蛇謙讓，讓遠方而來的美和隊再度贏球。

　　民國 109 年，美和棒球隊也成立 50 周年，南北雙雄的比賽再度回到美和中學舉行。這回增加兩校青少棒球員的友誼賽，象徵傳承的意義，雙方老少球員站在球場上共唱兩校校歌，場面溫馨而感人。或許華興青棒早已不在，OB 賽中的美和成員相對年輕，僥倖贏了比賽；華興青少棒比賽，以社團性質團練不輟，當然大贏臨時成軍的美和少棒。當年叱吒臺灣體壇的風雲英雄已逐漸老去，十年後的 OB 賽顯非易事，然而連續三年來的 OB 賽，讓當年英雄相聚重逢，《三國演義》的開卷詩，此時唱來，特別有韻味：

　　　　滾滾長江東逝水，浪花淘盡英雄。是非成敗轉頭空。青山依舊在，幾度夕陽紅。

　　　　白髮漁樵江渚上，慣看秋月春風。一壺濁酒喜相逢。古今多少事，都付笑談中。

證明自己　榮耀美和

　　「南美和　北華興」的英雄老將們，雖然已從昔日球場上退下意氣風發的身影，但他們依然在不同崗位上為國內的

▲ 名教練徐生明的風采

57

▲ 張泰山回校鼓勵與指導學弟　　▲ 彭政閔回校證明自己　不要怕吃苦

棒球發展盡心盡力。

　　為了見證此段歷史的意義和價值，美和棒球隊成立50周年的專輯《雄霸棒壇》書中，以獨到的稱謂和敘述記錄了當年風華：微笑喬治趙士強、棒球魔術師徐生明、美和重砲楊清瓏、溫文儒將龔榮堂、諸葛鐵捕洪一中、首代名將江仲豪、美和強投吳俊良、球場吸塵器郭建霖、棒球場出博士馮勝賢、看盡球隊興衰黃文生、鐵漢柔情陳瑞振、有苦有甜張泰山、紀律磨練自律蔡昱詳、中職先生學堅持彭政閔、大帥飲水思源曹竣揚、中直強打長青樹高國慶、中職強投學自律潘威倫、新生代出頭陳晨威，一字一句都是神采盡現。

　　此外，國際賽事中表現傑出的強投鄭添盛目前任職台電，守備健將林琨瀚在國立清華大學，棒球王子廖敏雄在文化大學，蔡榮昌、紀彥廷、邱國源、蔡榮昌、古國謙、陳耿佑、李志傑也都先後返回母校任職青棒教練。

　　民國108年在臺中洲際棒球場的彭政閔引退賽中，主辦單位特地邀請美和中

學參與盛會，彭政閔的最高學歷是美和中學，在他的自傳《證明自己》書中，他說起美和生活中辛苦的訓練以及成長的點點滴滴。那一場賽事中。美和母校送給彭政閔「政仁嘉美　閔懷風和」的字幅，青棒學弟更是拉著大大的「榮耀美和」四字紅布條，呈現在擠滿兩萬人球迷的眼前。難忘美和的彭政閔，之後多次回到母校，除了分享自己的成長歷程，也鼓勵學弟妹們「不要怕吃苦」。

▼ 臺中洲際棒球場上榮耀美和

美和青少棒及青棒參加世界錦標賽紀錄

年度	比賽名稱	成績	註
1972	LLB 世界青少棒錦標賽	冠軍	
1974	LLB 世界青少棒錦標賽	冠軍	
1975	LLB 世界青少棒錦標賽	冠軍	
1976	LLB 世界青少棒錦標賽	冠軍	
1980	LLB 世界青少棒錦標賽	冠軍	
1983	LLB 世界青少棒錦標賽	冠軍	
1985	LLB 世界青少棒錦標賽	冠軍	
1988	LLB 世界青少棒錦標賽	冠軍	
1989	LLB 世界青少棒錦標賽	冠軍	
1990	LLB 世界青少棒錦標賽	冠軍	
1991	LLB 世界青少棒錦標賽	冠軍	
1991	IBAF 世界青少棒錦標賽	冠軍	
1993	IBAF 世界青少棒錦標賽	亞軍	
1994	IBAF 世界青少棒錦標賽	殿軍	
1998	IBAF 世界青少棒錦標賽	亞軍	

年度	比賽名稱	成績	註
1975	LLB 世界青棒錦標賽	冠軍	中華青棒明星隊
1976	LLB 世界青棒錦標賽	冠軍	中華青棒明星隊
1977	LLB 世界青棒錦標賽	冠軍	中華青棒明星隊
1981	LLB 世界青棒錦標賽	冠軍	中華青棒明星隊
1983	LLB 世界青棒錦標賽	冠軍	中華青棒明星隊
1983	IBAF 世界青棒錦標賽	冠軍	
1984	LLB 世界青棒錦標賽	冠軍	中華青棒明星隊
1985	IBAF 世界青棒錦標賽	季軍	
1986	IBAF 世界青棒錦標賽	亞軍	
1989	LLB 世界青棒錦標賽	冠軍	
1990	LLB 世界青棒錦標賽	冠軍	
1991	LLB 世界青棒錦標賽	冠軍	
1992	LLB 世界青棒錦標賽	冠軍	
2000	IBAF 世界青棒錦標賽	第五名	

如花綻放的
傑出校友

教育最重要的是引發學生對於這個世界各種議題的學習動機，透過多元面向或另類設計的教學方式，引導學生的身體力行以及思辨能力。激發學生積極向上的主動性，是教育的本質，也是教師的本務；來到這座校園讀書的美和人，走向社會與世界接軌時，都同意這一所紅樓與黑龍江交織成青春記憶的校園，將是心靈記憶會飛向的故鄉。

民國 100 年廖永源校友創立美和中學全國校友會並擔任理事長，另設北區和南區分會，目前會員 217 人。之後理事長由陳銘治校友和邱展裕校友相繼接棒，現任理事長為李恭祿校友。校友會除了出錢出力協助學校發展，也每年推選傑出校友在每年校慶中接受表揚和鼓勵學弟妹，至今已有 107 人。面對當今私立學校辛苦的經營，校友實在是一股相當重要且溫馨的重要資源。

　　早期美和的傑出校友，如今都是臺灣社會上的知名人物，例如：前財政部長張盛和、前立法委員林郁方、立法委員邱志偉、客委會副主委鍾孔炤、國仁醫院院長鍾瑞嶂、前三軍總醫院精神科主任陸汝斌，前空軍政戰少將許義重，前臺南應用科技大學校長林品章、重威企業公司董事長廖永源、葛洛莉雅文教事業董事長張弘昌、網奕資訊科技公司董事長吳權威等。

　　年輕一輩的美和畢業生，也有很多進入國內外大學深造，或者進入醫學系，或是成為熱門科系的研究生，例如：吳鴻康、林曉薇、洪國銓等都在國立臺灣大學或國立陽明大學醫學系；又如：邱志鴻、林勇杉、許志宏、吳佼佼等，也都進了交大電子物理、中央光電、中山光電、中山應用數學等學校發光發亮；在社會科學領域方面，蔡建宏是德國海德堡大學的社會學博士，涂文勳、黃信文、沈靜

▲ 眾多校友回味的男生宿舍

▲ 美和 60 校友為男生宿舍修繕揭牌

萍是國立臺灣大學法律系高材生，攻讀財經名校系的亦不在少數。

或許受到美和溫馨的師長薰習，美和校友進入教育界為人師表的特別多，從大學到中小學都有。比如屏東沿山公路一線的國小，幾乎每所學校都有美和的校友在其中任職，柯自強當了幾年老師後，轉戰政壇成為春日鄉鄉長。而屏東縣內，現任的潮州高中校長林逸文、恆春國中校長張鑑堂、五溝國小校長羅益世、西勢國小校長謝俊明、合唱界的指導名師黃美鈴，都是美和的傑出校友。

除了在學術領域發展，各行各業的校友也都有很多傑出的表現：在屏東縣警界的屏東縣警察局郭子弘主任秘書、少年隊曾文宏隊長、交通隊程大維副隊長、鑑識科專家戴家晉警官，飯店業的知本泓泉胡邱樑、屏東大將劉守國，產業界的翁頂祥、詹益忠，房產界的曹源展、曹龍俊、張志浩，社會服務界的黃松美、鍾文昌、陳品洋，人文領域金馬獎名導演鍾孟宏，矯正名牙醫蘇燿文，跨足商界與藝術的徐文銘……，每個人都是崗位上一顆耀眼的星星。

美和創校一甲子，遠從外地回校住宿參加活動的校友，心中頗有感懷。廖永源和張弘昌發起「宿舍修繕」的募款活動，以 200 萬為目標。沒想到只在 LINE 的群組告知，捐款就源源不斷，不僅達標，而且接近 300 萬。捐款者不只是校友，謝純貞董事、房茲寧董事、前董事李健文醫師、美和科大前校長陳景川，也紛紛慷慨解囊，共襄盛舉。

民國 110 年 12 月 24 日校慶當天，在舞獅、宿舍揭牌、參觀宿舍等系列活動後，校友們的濃情，在餐敘活動中，娓娓說來那些年住校成長的回顧和感恩。

初三甲班

六年國教時期，國小畢業要考初中，美和招進了很多高屏地區優秀的國小畢業生來就讀，其中又以第三屆的初三甲班最具代表性。

初三甲班全班 55 位同學，有 19 位來自高雄美濃。當時依程度分成甲、乙、丙、丁、戊五個班，前四班是男女分班，第五班是男女合班。甲班是程度最好的男生班，初中部畢業後，有 24 人考上雄中或南一中，後續有 5 人繼續攻讀博士學位，8 位醫師及其他同學在國內外有傑出的表現。受到徐博士辦學精神的薰習，事業有成的這一群同學，民國 100 年成立「初三甲班獎學金」，每個學期頒授優秀和清寒獎學金給高國中約 20 位同學，至今不斷。其中，來自美濃的張弘昌同學用心於文教事業，積極協助美濃國小及美和中學兩所母校的發展。另一位知名校友廖永源同學更身兼美和校友會的創會理事長，除了學經歷優秀卓越，更是一位很有國際觀的企業家，每次回校分享他的創業經驗和人生理念，都能激起學弟妹高大的志向與視野。

飲水思源　善盡企業社會責任的廖永源

民國 100 年，在上海「中國汽保工具品牌發展論壇」的頒獎儀式上，一位眼神精炯如鷹的男士，正在為來自中國各五金精品雜誌等企業的負責人進行演講，他以自創品牌「JONNESWAY」做模範品牌的分享——他是廖永源，來自臺灣屏東，他是美和中學創校五十周年最亮麗的傑出校友。

廖永源小學畢業的時候，在家人苦心的安排下，與同學鍾瑞璋（屏東市國仁醫院院長）、蘇鴻鐘（高樹鄉聖恩內科醫院院長）、鄭賜榮（曾任交通部鐵工局長，來自美濃）以及蘇丁福（曾任臺北市捷運局副總經理），遠從偏鄉高樹，來

到另一個偏鄉內埔，入住美和中學的宿舍，苦讀三年後，五個人又一起考取高雄中學。

畢業於中國文化大學企業管理系的廖永源，從貿易企業到自創品牌，從銷售汽車修護工具延伸到航太工業，他的名字成為亞洲地區航太工具領先品牌的代表。一連串榮耀的頭銜與獎項，證明廖永源領軍的 JONNESWAY 公司，在品質服務、行銷策略、全球佈局及服務創新等項目上，皆為翹楚。

在世界舞臺上受到注目的廖永源，開始回過頭來進入各大學校院，跟年輕人分享創業歷程的艱辛與勇氣，也開始融入公部門的政策白皮書中，接受邀約參與系列議題的規劃與座談。他以謙卑的姿態，為臺灣企業解析商業行銷與競爭的最高視野；他以最高昂的勇氣與信心，為創業菜鳥直白剖析跌落谷底時的狼狽情景。

事業有成之後的廖永源，如同他的名字一般，飲水思源；他也開始積極回饋故鄉高樹國小，以及栽培他成大器的母校美和中學。他在美和中學成立「初中第三屆甲班獎學金」，個人捐贈 300 萬元，嘉惠優秀清寒學弟妹；又登高一呼邀聚美和人向內政部登記成立「美和中學全國校友會」，在第一、二屆理事長的任期內，為校友會的未來發展奠定良好基礎。

善盡企業社會責任之際，廖永源以務實的幹勁與活力，繼續攻讀國立臺灣大學管理碩士學位，自嘲自己是「全校最老的學生」，廖永源回首自己的人生路，年少時代感受到徐傍興博士的精神感召，以及李梅玉校長身體力行的務實態度，奠定了他這輩子重要的價值觀與人格信念。歷任校長也都能夠延續優良傳統，帶領學子奠定的不只是良好的學術基礎，更是人格啟發與道德培養，這也成為美和校友待人處世的基本。

不同人生層次的體驗，不同領域的價值信念，如今的廖永源以豐厚的累積經

驗，加上與時俱進的現代科技工具應用，他的人生一如美和的校樹青青，在大武山頂的旭日光輝中，熱烈伸展奔向萬里的天空。

英雄不怕出身低　胡先萍獎勵後進

民國 60 年進入美和初中部就讀的胡先萍，感念父母、母校栽培，設立清寒獎學金獎勵學弟妹，每年捐贈 30 萬元以十年為期，共 300 萬元，希望學弟妹們能積極向學，這次特別回母校親自頒獎給 60 名獲獎學生，每人 5,000 元。

「英雄不論出身低，只要努力，人人都有機會！」胡先萍返校頒獎，用這句話分享自身經歷，也是他心中最深刻的自我勉勵。他的父親是職業軍人，當年軍人待遇非常低，但是為了栽培兩個兒子，夫妻兩人還是咬牙硬撐，把他與哥哥送到美和中學就讀。胡先萍的哥哥胡先葳博士，也是美和中學國中部傑出校友，曾經服務美國 NASA 太空總署及太空梭通訊系統研發設計，目前是美國洛克希德馬丁公司主任工程師。

胡先萍在民國 60 年至 66 年，連續就讀美和國中部及高中部，中原大學化工系畢業後，專心致力電路板研發與市場開拓，民國 78 年成立順澤實業有限公司。扎實的努力加上謙和的人生態度，先後在新加坡及大陸珠海、香港、上海、昆山、重慶等地成立臺資獨資企業，取得許多證書及研發專利。

住在內埔的胡家兩兄弟，家境辛苦，為籌措子女教育費，胡媽媽每天風雨無阻，騎著腳踏車載水果兜售；胡媽媽當年沿街叫賣水果聲影，至今仍然令人印象深刻。

讓菁英激勵自己的張弘昌

在美濃國小以第二名畢業的張弘昌，參加美和中學初中部的入學考試，沒想到意外落榜。13 歲的張弘昌，第一次知道：「這個世界上，厲害的人很多。」弘昌後來以補取方式吊車尾進入美和；入住宿舍的第一學期，每逢下雨就想家掉眼淚。初中前兩年，上課不容易專心，讀書抓不到重點，卻在升上初三那一年，學校能力分班，意外被編入甲班。

弘昌發現這個精英班級裡臥虎藏龍，每一個科目都有頂尖高手，菁英聚集一堂，整個班上的讀書風氣非常良好，同學們強烈的求知欲望也刺激了張弘昌。這個刺激，對弘昌的人生產生了前所未有的啟發作用，雖然初中三年的成績始終平平，但此時期奠定的求知態度與基礎，造就了他後來一路讀到研究所的平順如意。

張弘昌說，初中三年最羨慕的事情，就是每次月考各年級校排前 10 名的同學，都會在朝會時上司令臺領獎，接受校長表楊。張弘昌從來沒有上臺過，站在臺下看人受獎，他把羨慕之情轉化成為心中一股謙卑卻不放棄的志氣。在美和三年住校的團體生活，讓弘昌的心智早熟，這段日子學到的觀察能力讓他後來在職場團體中知所進退；身處菁英同學群中，也讓弘昌體會到人外有人，天外有天的道理。「人生必須謙卑學習才跟得上大眾的進步」，這樣的體會對張弘昌後來的人格養成，有深遠的影響。

常以感恩之心回饋母校的張弘昌，如今創辦的外語文教事業，在臺灣首屈一指。他非常珍惜當年在美和，得之不易的讀書機會；他記得當時家裡養鴨的生意不順利，要繳交學校註冊費及生活費的時候，父母相互要求對方出面去向親友借貸，偶爾爆發爭吵的畫面，讓弘昌心酸。除了深刻感受到父母的教育苦心，也終身提醒自己無論何時何地都要盡己本分，才不辜負當年父母辛苦栽培的情義。國

立政治大學企管研究所（MBA）畢業後，初到經濟部任職的弘昌，因為畢業於美和中學，遇到主管來主動攀談：「你們美和中學的創辦人非常謙虛，是個很了不起的人。」主管娓娓道來徐傍興博士視病如親的許多小事，一一點出在這平凡小事中的不平凡人格。

美和讀書時期不曾崇拜老董的張弘昌，卻在多年以後，因「徐傍興」之名得到同僑與上司的看重。這個啟示也讓弘昌對自己的人生價值有所深思——蝴蝶啊！它的價值不在於美麗展現，而在當它輕啟翅膀，它已帶動一股溫暖的風，開啟另一時空的春天。弘昌祈願自己也是一隻能為遠方帶來春天的蝴蝶。

用生命在教書的老師

哈佛大學有一句名言：「人不能選擇自然的故鄉，但可以選擇心靈的故鄉。」自然的故鄉是每個人出生和成長的地方，心靈的故鄉則是來自於生命中的美感經驗與體會以及生存的價值和方向。

美和中學的教育理念和風格，一直備受矚目和肯定。九年國教時期，國中畢業考高中的升學壓力更勝於六年國教。美和中學的老師，幾乎都被學生形容為「用生命在教書的老師」。每一期的《美和青年》中，也都有老師分享教學經驗和心路歷程，這些篇章除了常被轉刊在國內報紙和教育期刊外，校內老師也常被邀請到各校作經驗分享。周休二日未實行前，週六下午留校算數學，應是初一生活的一大特色。幾乎每個禮拜六下午，美和的老師都要陪學生「歡渡」週末——全班到齊後，先上一堂課然後考試，考完後一個一個拿來改，全對了才可回家。常常天都已經黑了，教室內還有幾位同學回不了家。校友左鎮魁對這件事情印象非常深刻，他焦急著想回家卻無法如願，只好指著窗外說：「老師，您看，我媽媽已經在校園裡走好幾圈了！」果真，微暗的天色下，一個慈母的身影佇立在校

園中，這件事情也讓認真教學的老師深刻體悟到，教育的成功不完全來自勤奮的老師，更來自在學生背後，默默支持的家長群。

另一個備受矚目的教育模式，就是課外閱讀及講故事的教學方式。教育的歷程中，認為從一本書或經典名片得到的感動與價值，常常比課本來得重要，因此課堂上的小故事大道理，常常成為美和教學模式中的重要課題。從托爾斯泰到甘地，從《亂世佳人》到《戰地春夢》，還有《宮本武藏》裡，澤庵和尚的奇妙點化，以及阿通姑娘在花田橋畔一千個日子的等待，都是許多學生的共同記憶。

人本心理學大師羅吉斯（C. Rogers）說過「人的成長像一朵花的盛開，只要施予足夠的空氣，陽光和水，每一朵花都會把自己最完美的姿態展現出來。」生活在充滿著空氣、陽光和水的日子是快樂的，植物可以在自然的能源、生態平衡中成長，孕育生機；動物可以在大地中恣意悠遊，展現生命力；人，當然也可以精神和官能的愉悅中激發智慧，領悟到生活的方向和存在的價值。

▲ 綻放的梔子花　美麗芬芳

歡樂的學習並不是指散漫的、無秩序的教育情境，而是在一種無壓力中，充滿期待與趣味的學習，這樣的情境，學生的智慧常是不自覺的被激發出來的。從心理學的角度看，處於一種專注狀態中的人，腦波是 α 型的。有 α 波的人，反應靈敏，無往而不自得，若是回到 β 波，則常會事事不順心。毫無疑問的，充滿期待與趣味的學習常是專注的，呈現 α 波的，這從眼神就可以看得出來，歡樂帶來的智慧，高中聯考的成績不僅沒比較差，反而更亮麗。

　　有一年，學生們讀到《豐子愷文選》，特地跑來跟老師分享：豐子愷先生在他平凡的生活中處處顯現藝術的胸懷。在山中避雨時覺得「山色空濛雨亦奇」，興致一來就拉拉胡琴，引起三家村的青年相約冒雨而來，引吭高唱，把苦雨荒山鬧的十分溫暖。為了讓學生在歡樂的氣氛中提升學習，美和中學積極讓學生深刻了解音樂的力量，日片《緬甸的豎琴》在臺播映期間，每班都花了四堂課的時間去欣賞。另外，電影《真善美》中的 Trapp 家庭合唱團，除了在家庭裡唱歌，在青山綠水中唱歌，更把歌聲唱遍世界的每一個角落。

　　教育學生不是只給學生知識和記憶，而是給學生啟發和智慧。懷德海（A. N. Whitenead）認為：教育最重要的事是激發學生的「渴望」。對於興趣的渴望，對於築夢的渴望，讓一個人願意終生學習的基本態度，就是教育最重要的本質。有一年的自強活動中，老師帶著學生在夜晚的墾丁海灘靜聽浪濤。老師跟學生說：「你們聽，海是有生命的。」老師也要學生認識夜空中的北極星，因為北極星終年屹立不動，指引人生的方向。這就是孔子在《論語》裡說的：「為政以德，譬

▲ 前往佳樂水海岸邊

▲ 攀登大尖山前的引吭高歌

如北辰，居其所，而眾星拱之。」

　　佳樂水的海水最藍，海浪最大，浪花最美。而這些最，其實都來自於靠岸的奇岩怪石，激成浪花的飛濺，才能造就那些奇崛的美。人生若沒有遭逢困難與阻礙，又如何展現驚動天地的生命力呢？《荒漠甘泉》有這麼一段話：「神不看你的獎章、學位或文憑，只看你的傷痕。」

▲ 墾丁青蛙石上看大尖山

▲ 關山夕照　氣象萬千

　　在美和的教育中，認為智慧才是長久的，也是以不變應萬變的真正實力。每一位學生都有值得肯定的地方，每一位學生都是很有潛力的，每一位學生也都努力的想把自己最好的一面表現出來，教育家福祿貝爾所說的：「我從每個兒童的身上，看到一個完美的未來。」二年級的學生，會在老師的要求下，每人買一本偉人傳記，從書中學習偉人的成功不僅來自於他的智慧與勇氣，更在於內心深處一份關愛人類的赤子之心。三年級的時候，「麥帥為子祈禱文」會被貼在教室後面的「學生園地」上，班親會的時候，最讓家長動容的一段是麥帥希望自己的兒子：「可以永遠記住真實偉大的樸實無華，真實智慧的虛懷若谷，和真實力量的溫和蘊藉。」

雖然九年國教的升學壓力大，但不一定要依賴參考書和補習。激發學生渴望的歡樂學習，讓學生自主性變高，沉浸在閱讀和思考的全神貫注，不僅學習效能變高，也發揮潛能，找到自己的方向。這一場美好的教育思維，在九年國教的成果中，得到美麗的綻放。

打開校門，考上建中

志煒是個很聰明活潑的學生，在班上的成績原本都維持在六、七名。導師進行家庭訪問，媽媽提起家後方有一位數學老師在補習，想讓志煒去補。導師建議不用去補習，把補習的時間騰出來，讓自己多一些時間去思考，成績一定會突破。媽媽不太相信，但還是勉強同意試看看。不用去補習時間，志煒每天早睡早起，睡得飽飽起床，來到學校。幾乎他都是第一位到校的學生，進入校門後，就順手把校門打開；課堂上，他總是精神飽滿認真聽課，沒有打瞌睡，一個學期下來，他的段考成績名列全年級第一，此後一路第一名，最後以第一名成績畢業，風風光光的考上建國中學。

從每天開校門到考上建國中學，建中畢業時，也是以前幾志願的成績考上國立清華大學化學系，最後在美國完成博士學位的志煒，最常勸同學的一句話不是「好好讀書」，而是「不一定要補習」。赴美攻讀博士學位期間，志煒看見西方開明的教育中，沒有參考書沒有補習，忍不住驚嘆美和的菁英教育如此有先見之明。

海德堡大學的夢

　　蔡建宏一直想做社會學大師韋伯的學弟。民國 71 年，他入學美和，他書讀得好，球也打得好，更難得的是，國中時期的蔡建宏，對於國家社會的大事一直很關心。週記上密密麻麻的見解，總是遠高過同年齡孩子的世界觀。考進臺南一中的建宏，不忍拂逆家人期待，考第三類組進入國立臺灣大學農業推廣系就讀。在農推系的四年，建宏同時也在社會系旁聽了四年課程，然後考上社會研究所榜首。對於未來，建宏原本計劃去美國留學，卻在因緣際會中，看到德國海德堡大學的照片；這是社會學大師韋伯的母校。

　　建宏想起在美和中學讀書時，老師送他一張海德堡大學的照片，於是，原本想去美國的夢想轉了一個彎，他為自己開啟前往德國海德堡大學的夢。

從偏鄉來美和，快樂直上明星高中

　　有一個女孩，叫做美君。二年級的時候，不小心把買理化參考書的錢弄掉了，她不好意思再向家人伸手要錢，一整個學期就過著不使用參考書的日子。又擔心被家人發現沒有參考書成績低落，美君只好自己發憤讀書。沒想到學期結束，美君的理化成績竟然從中段變成全班第一。放棄就讀高雄師大附中，美君選擇繼續留在美和讀高中，雖然最出色的功課是理化，但是數學成績卻總是不理想；不想補習不想買參考書的美君，以國中時期成功的理化經驗，讓自己每天踏實的沉浸在數學課本的題目中。大學聯考時，美君的數學成績竟然超出高標 10 分，連自己都嚇了一大跳。她回美和探望師長，謝謝老師的提點與教育，讓她明白「回到起點，一門深入」也是一項了不起的功夫。另一個叫做美華的女孩，是來自恆春的住校生，她的數學老師反對補習，於是她自在快樂的只是照表上課，認真聽課，這快樂學習的三年，讓她考上臺南女中。

一定要讀名校名系嗎？

擔任風紀股長非常有板有眼的意盈，是個伶俐可愛，口才流暢的嬌小女生。不負眾望考上臺北市中山女中後，大學考上文化大學的日語系。當時她有更好的就讀選擇，但是基於對日本文化的知識渴望，她在父親的支持下，心之所願讀完大學，考上研究所。後來她以公費留學日本，即使面對困難與挑戰，她願意以最大的努力來克服，因為這是她曾經那麼殷切渴求的學習。

一路把書玩下去　就考上國立臺灣大學了

高中聯考成績不理想的智全，幾年後回校探望師長時，已經是國立臺灣大學機械工程研究所的學生了。求學時期很混的他，在工專五年級的時候，發現這世界上沒什麼好玩的事，只剩下「讀書」這件事情，還沒「好好玩」。拚命「玩書」了一段時光，智全插大進入逢甲機械系三年級，「玩書」仍然是他最大的興趣，這一路把書玩下去，就考上國立臺灣大學了。智全雖然說的輕鬆，但也承認這一路走來，「很辛苦！」生命是一條曲曲直直的道路，每個人的路線與風景，不盡相同，重要的是，你願意秉持著學習的熱忱，「往前走！」

激發渴望　高三轉組勇闖臺大

以黑馬的姿態考上國立臺灣大學法律系的信文，真是跌破大家的眼鏡！他從國中時期，就是一個數學答題很仔細、喜歡思考邏輯與定理的思考型男孩，他選擇自然組，但是成績不理想。高三的時候，他決定轉到社會組，父母師長受到了大驚嚇，但還是尊重他。幾年後，他回母校探望師長，表露了當時從自然組轉到社會組的心情：「一轉到社會組，就對地理歷史懷著一種渴望去吸收了解，為了

進一步深入的探討，常到圖書館找資料。」每天讀書時間的分配，他給出一半為課業而讀、一半則是獲取課外的補充知識；在這樣無壓力、不功利的讀書態度下，聯考成績反而出乎意料的好。考上國立臺灣大學法律系，信文自己也很意外，他推推眼鏡很平靜的說：「阿考上了就去讀啊！」

以傻勁拿到數學 120 滿分

「如果你能將任意角三等分（尺規作圖），就可以得到諾貝爾獎。」義章聽到數學老師在課堂上講這樣一句話之後，從此廢寢忘食每天都在尺規做圖；三不五時就跑來找數學老師：「我畫出來了嗎？」直到有一天，數學老師開始教「圓」的時候，義章對於拿諾貝爾獎的大夢，終於知難而退。「任意角三等分」是幾何學上的三大難題之一，豈能簡單畫出？但是義章的傻勁卻是令人敬佩的，這份傻勁讓他的高中聯考數學科拿了 120 分的滿分。義章配合家人的期待，選擇牙醫系就讀；當年「訛」他去尺規做圖的數學老師，從他的體育活動中看出他的手指不靈巧，忍不住說話了：「為了病人的健康著想，你最好不要當醫生。」義章自己也豁然大悟，難怪很多技術實作的課程，他再怎麼努力也得不到標準分；手指靈巧性對醫生的專業是多麼重要啊，他也發現自己擅於鑽研分析，對於基礎醫學科學有強大的興趣。現在的義章，正努力朝向基礎醫學的研究路線前進。

自我挑戰　數學表現一路飆

另外一個充滿挑戰精神的建昌，也是令人印象深刻的校友。他本來就很有數學天分，拿著參考書看著解答一題一題教學的方式，讓建昌意興闌珊。美和的數學老師用一種很刺激的方式上課：「如果我教了你數學，然後考你，那就是考試的壓力。如果我還沒教你，就先考你，那就是測驗你的實力在哪裡？怎麼樣？要

不要來挑戰？看看你的實力在哪裡？」建昌一聽，眼睛就亮了，展現實力的機會來了；他抱持著強大的鬥志，神采奕奕，很多題目老師還沒教，他已經自己先研究出來了，這樣的鬥志表現在其他科目裡，成績表現也慢慢提升，在高中聯考和大學聯考的表現中，建昌的成績都很傑出。

在「戰爭與和平」中　休息自己

除了充滿挑戰與鬥志的優秀校友，還有一些沉穩寧靜的校友也是令人印象深刻，世界經典名著《戰爭與和平》是杏臺最喜歡的課外讀物，強大的考試壓力中，他讀書讀累了就開始翻看《戰爭與和平》，每次的作文考試中，《戰爭與和平》的經典名言自然而流就寫入了考卷中；在含有作文和翻譯的國文科，杏臺的轉學考成績得到 96 高分而以榜首錄取。

沉浸於思考的微笑女孩

國中一、二年級時，淑慧的成績約在班排 20，國三時候卻突然成為校排 3。這個小女孩，總是能在教室的漫天喧嘩中，獨自安靜坐在角落讀書，一個數學題目，她願意沉思一整天。大考前的她，老僧一般安靜如昔，她安靜的考上東海大學法律系，畢業後進入東吳大學法律研究所就讀，她總是用一抹安靜的微笑回應老師關懷的眼光。

美和的奇幻時光　成為永恆

淑芳家前有個爬滿青籐的葡萄架和一個半圓形的荷花池，每次放假回家，她喜歡在荷花池旁看書與發呆。

討厭音樂與體育的淑芳，英文跟數學都不怎麼靈光，初中時期的她總是混在人堆中跟著同學傻笑。高中沒有考好，但後來考入了她喜歡的大學科系，東吳大學中文系。大學畢業後，她在國立高雄師範大學繼續攻讀碩士與博士學位，後來任職於科技大學。現在的她，仍然還是只會傻笑，但在文學寫作與文化創意的領域中，卻有一片燦爛的天空。她雖然不會唱歌，但很懷念李淑梅老師的音樂課；她雖然數學成績很不好，但很懷念數學老師拉小提琴的樣子。她說：「美和中學，是我生命中最美麗奇幻的一段；多麼希望那段奇幻時光，能夠成為永恆。」

崇拜母親　追尋文學夢

在美和讀書，總是可以聽到窗外的風，從沙沙的葉隙中穿梭，帶著陽光的溫暖來到書桌。民國 100 年畢業的舜珉，68 級的高分若在繁星的規劃下，進入醫藥學系也綽綽有餘。但是，舜珉崇拜她高中三年來的國文老師李淑琴，她想像著自己的未來，也就是母親李淑琴老師的樣子。從小在母親的薰染下，舜珉的行書楷書總是神韻飄逸，語文表達能力測驗總是最高級分 A++。即使大家都期待舜珉能夠選擇醫學系，但李淑琴老師仍然決定尊重孩子的選擇，支持孩子往最能適性發展的道路上走。那一年，國立臺灣大學中文系的報到通知單寄來舜珉手上，讓她正式開啟與母親共同追尋的文學夢。

熱愛運動　全國唯一的體育公費生

　　笑容燦爛的婉婷，她選擇國立彰化師範大學體育系，是全國大學體育系唯一的公費生。她從小就是個見過世界大場面的孩子，小學時候代表內埔鄉豐田國小參加國際巧固球比賽，到瑞士奧地利等國參加世界盃錦標賽；麟洛國中時候，也

▼ 在司令臺前　想像自己飛翔天空

領軍去香港參加亞洲盃拿金牌。擅長網球與籃球的婉婷，在身為短跑選手的父親陪伴中，除了有堅強的毅力，對於自我的生涯規劃更擁有獨特的見解。她選擇美和高中作為她選手生涯中的最佳後盾，體育組長曾國幹也不辜負她，總是利用課餘時間義務訓練婉婷的體育相關術科。

從高職資訊　直拚科大光電所

作為一個檳榔中盤商的兒子，文義選擇美和高職資訊科就讀，只是想學習一技之長，以學校所得的知識，幫助家裡的事業能夠跟得上時代——如此而已。但，美和的校園總有一種奇妙的氣氛，總讓人覺得自己的潛力與人生，不應該只是原本規劃裡的局限——想要更卓越，想要跟更多的世界接軌，想要站在更高的地方，像要試看看自己能夠還有多少潛能。

於是，在美和讀書一路激勵起來的信心與興趣，讓文義在國立中山大學畢業後，繼續前往國立臺北科技大學光電研究所讀書。林家父母頷首微笑，這樣成材的兒子，是當初的始料未及，而他自信飽滿的眉眼與肩膀，足以證明他的優秀來自於潛能的完全開展。

心靈成就 A 咖的養豬大戶

諸多優秀校友中，順祥是沒有上大學的，他現在的職業是養豬。國中時，順祥是學校有名的大胖子，人緣很好，他每天一大早就挨家挨戶去送牛奶，放學回家就幫爸爸養豬，很得鄰里的稱讚。畢業後，他專心養豬，為人謙虛踏實又勤快，

廣結善緣的他，不到幾年已是鄉內屈指可數的養豬大戶。然而，他每天一大早仍在送牛奶。不少人對他說：「以你現在的財力，還需要送牛奶嗎？」他回答說：「我是從送牛奶起來的，我不能丟棄它，如果我不再送牛奶，我擔心我會逐漸怠惰下去。」這位送牛奶的大老闆，他的心靈成就，絕對是眾多校友中的 A 咖。

▲ 畢業在即　夢想已經啟程

從最皮的學生，到最暖的校友

　　另一位沒上大學的信明，選擇住家附近的五專就讀，他和順祥都住麟洛，也在家裡幫忙餵豬，兩人一胖一瘦，常相伴在一起。國三時兩人常有叛逆的行為出現，因此也被老師「處理得最兇」。畢業典禮後，兩人回到教室領畢業證書時，竟然對全班這樣說：「我這三年最感謝的是老師，如果不是老師的嚴格對待，我可能已學壞了。」畢業後的每年冬天，麟洛家家戶戶的完府宴客，兩人都會來邀請老師。信明在工專學的是電機，豪邁的性格和良好的人際關係，很受到公司的重用，一路爬升到很高的位階。他與人的互動很好，暖男的特質，責無旁貸成為每次同學互相聚會的召集人，每年贊助學校的愛校獎學金。在返校探望老師時，兩人總是很有默契地同時出示當年被老師處理的痕跡：「老師，你看，當年的痕跡還在喔，這是很好的紀念哩！」

▼ 美以致和的校園　常見學生在球場上的歡樂時光

另類教育的奇花異果

後現代教育強調差異的兼容並蓄，因此很重視有別於傳統教育的「另類教育」。猶如人需要出離與尋渡，才能連結和悅納差異，美和老師的另類教育，讓學生的潛能自然發展，結出很多的奇花異果。以亮麗的棒球成績聞名海內外的美和中學，也有很多「很另類」的生命倫理與公民教育課程。背負沉重升學壓力的學生，其實都很喜歡這些別出心裁的課程設計，讓學生在自我探索個人與群體中，有更寬廣的多元思考。在升學主義氣焰高漲的時代，這麼「另類」的老師其實也承擔著很多的爭議，在噓聲與掌聲之間，一片冰心在玉壺的堅持，也只有老師自己冷暖自知。

健康教育第 14 章

58 年次的邱淑芬與徐東儀也都還記得，在那保守的社會中，當別的學校把健康教育課程有關男女生殖系統直接跳過的年代裡，李的明老師以明朗健康的態度，把青春期少年少女最「虎視眈眈」的第 14 章及 15 章，以非常自然的方式完成教育。沒有害羞靦腆或驚叫連連，老師的態度引導學生以認真理性的態度，擴增自己對身體結構的知識理解，在理解過程中感受天地萬物奧妙的生命傳承，以及人與人之間彼此的同理與尊重。

在那個青澀年代成長的美和人，如今都是社會的初銀齡世代了，回首這一生的求學時光，美和的多元教育與視野，讓他們在未來的人生奮鬥中，擁有更開闊的態度智慧去迎接所有的可能，也造就了比其他學校更多更好的校友團隊。

「千金小姐」邱志偉立委

校外的活動，讓師生比較能夠把教室裡的嚴肅心情開放鬆綁，尤其老師們更能夠敞開話匣子，聊起很多以前在美和讀過書的大人物，其中最能引起學生哈哈大笑的，當屬政壇明星邱志偉立委了。

如今在政壇上令人耳目一新的邱志偉立委，當年在美和的公民課程中，豔冠群芳的身影，至今令人津津樂道。61 年次的邱志偉，有一次公民課「家庭倫理與稱謂」課程中，親屬之間的稱呼讓孩子們覺得很複雜。任課老師突發奇想，特別加課請孩子們週日早上回校演戲，這一場與「家庭倫理稱謂」有關的戲劇，孩子們得自行編劇，化妝打扮等設計一應自己來。

演出時間到點，相關師長蒞臨指導，一進教室全都絕倒：這三代同堂的大家

▲ 令人絕倒的公民課家庭劇

▲ 豔冠群芳的千金小姐邱志偉立委

庭，彼此之間的身分鮮明而且稱謂有序，不僅教科書上的「親屬稱呼標準答案」完全精準，在戲劇演出的過程中，連客語稱謂的腔調都相當到位。穿旗袍戴假髮的「女性長輩」，幾乎全都是班上調皮的男生裝扮，還有一位俊俏的小男生出演「千金小姐」，他就是後來在政壇上令人矚目的清流邱志偉。這位千金小姐加上女性長輩們粉墨登場上了癮，那一年的露營晚會表演，這群「女」明星再次出演草裙舞女郎，在星月與露營火把的交輝中，如雷的掌聲幾乎把帳篷掀翻。

　　每次講到這段往事，曾焜宗校長的表情是又尷尬又得意，那一齣家庭人倫大喜劇的起頭者公民老師，就是他。此時聽起來充滿創意設計的老師，在當時的教師評議等相關會議中，其實受到相當兩極的評價。

　　「聽說這個老師的課程進度完全不在掌握中？」

　　「聽說這個老師不讓學生用參考書？」

「也不讓學生補習？」

「不過，他的課，學生全都精神專注，沒有失神打瞌睡的。」

這位老師還把美國名律師丹諾的人道情懷放入課程中，然後讓學生大放厥詞暢所欲言；最令人無言的是：這一班的公民考試成績是全年級首冠。

「求婚小綠人」程大維

「成就是什麼？做好自己的事，就對了。」民國 76 年，美和初中部第十九屆的畢業生程大維，在三十六年前屏東縣滿州鄉的里德山谷裡，決定自己成為自己生命中的食神。

民國 74 年的春天，大維這一班早上剛考完月考，下午就坐上沒有冷氣的校車，搖搖晃晃來到屏東縣滿州鄉。廟埕夜晚的露天電影院中，大維全班與幾百隻的野地蚊子，一起欣賞 1959 版的聖經電影《賓漢》。年輕的孩子跟蚊子一樣野，跟著賓漢血脈賁張後，一抬頭看見滿天星斗，「啊～天上真的有銀河啊！」星光交織著彼此，傾洩流溢如同牛郎織女的神話，樹林裡傳來飛鼠滑翔的聲音，每個孩子都如同置身童話般令人神醉的場景。

程大維在這座神秘的里德山谷中，強烈感覺到自己的心跳，他第一次感覺到自己的心臟「醒來了」，那是一個很特別的清醒與覺悟。那一夜，大維也與同學們嬉鬧搞怪，正在戲謔有趣之際，看見那個捲毛的公民老師，背著吉他要教大家唱歌，從〈在那銀色月光下〉、〈紅河谷〉、〈露莎蘭〉到〈Edelweiss〉（小白花），從意興闌珊唱到欲罷不能，這群在月光下神醉的孩子，後來還成立了合唱團，全班合作挑戰弘一大師三部合唱鉅作〈送別〉。

　　三十年後，這群月光下嬉鬧的孩子，在各自的專業領域中散發迷人的風采：擔任立委的邱志偉、農委會特有生物研究保育中心博士研究員沈慧萍、三軍總醫院血液腫瘤科主任戴明燊、油彩畫家陳麗絹（以前叫陳麗香）、同聯建設公司總經理曹源展、國小校長謝俊明，以及半導體設備研京有限公司負責人洪英傑。當年那個捲毛的公民老師，常常帶這群孩子去騎腳踏車，去玩水，他總是嚴肅的說「歡樂能產生智慧」，似乎玩樂是為了凝聚能量，迎接下一次的挑戰。長大以後的程大維不但相信這句話，還把這句話帶進警察機關，訓練警察新兵。在他所屬的團隊中，成員之間總是不計較，以最誠摯的笑容為民眾服務，程大維就這樣在歡樂與智慧中成為交通隊副隊長。

　　「歡樂真的可以產生智慧！」全世界第一座小綠人的行人燈在德國柏林；全世界第一座動畫行人燈在臺北市。程大維要很大聲而且很驕傲的告訴全世界：第一個「成雙成對」的求婚小綠人，在臺灣的屏東。「2019 臺灣燈會在屏東」的時候，程大維雖然自嘲自己只是一個「小條子」，但他轄屬的交控團隊，在屏東公共運輸相當稀缺的情況下，硬是將不可能變成可能。屏東交控以「Intelligent dynamic signal control application case-Improvement Plan for Congestion of transportation of Provincial Road No.1 in Pingtung County （智慧化動態號誌控制應用案例——屏東縣臺一線幹道運輸走廊壅塞改善）」，在德國漢堡的 ITS 年會（2021 ITS World Congress）大放異彩，發明求婚小綠人的程大維在大會期間所發表的論文成果的過程中，血脈噴張與強烈的心臟跳動感，讓他想起周星馳電影中史蒂芬周的名言：「只要用心，人人都可以是自己生命中的食神。」

「大武山雞蛋」翁頂翔

　　民國 101 年，大武山蛋雞畜牧場第一顆五星級土雞蛋產出了。63 年次的翁頂翔，現任中華民國養雞協會土雞組組長，曾經也是臺灣土雞產業的龍頭——台禽生物科技股份有限公司董事長。頂翔是典型的二代企業接班，在父親起頭的養雞事業中，以強大的財務操作加上內控管理機制，搭配個人富涵邏輯與勇猛創新的思維，創造臺灣畜產事業的兩個高峰：一個蛋雞，一個土雞，這不但是頂翔創業史的第一，更是臺灣第一。

　　在美和讀書的翁頂翔，很早就自嘲自己「天資不好，但數學很好」，高中畢業沒考上大學，他就先去當兵；翁頂翔認為「人越是在困苦環境中，越能看清楚自己。」當兵期間，他看見自己：「抗壓力比別人強，觀察力比別人好，學習理解力好像也不錯。」在海軍艦艇輪機隊服役的生活，培養了他強大的行動力以及天道酬勤的信念；大學時期主動追找資料的習慣，也讓他在未來的事業積累中，把資料變成知識，把知識變成常識。

　　求學時期不喜歡背書的翁頂翔，不怕犯錯，也正面相信失敗是成功之母。記憶中，美和中學有個穿皮鞋不穿襪子的老師，常常帶學生去戶外上課，野外的動物植物那麼迷人，校園裡的老故事還有地理環境，比歷史課地理課還要吸引人。當時調皮的翁頂翔，最喜歡班級野炊，在校牆旁的野炊區，生起熊熊的火把米煮成飯，額外偷煮了燒酒蝦，想要犯規一下——沒想到被那個不穿襪子的老師抓到，於是不能喝酒只能吃蝦。

　　回首求學時光，頂祥印象最深刻的是公訓活動裡的大地遊戲，在「各種收集」的遊戲裡，老師的指令充滿變數：「收集最大的～什麼的最大？～球鞋，最大的球鞋。」於是你得要到處趴下來去看人家的腳，還要苦苦哀求那雙大腳的主人願意把球鞋脫下來讓你拿出去比賽。「收集 87 ～什麼 87 ？～出生日期加起來的總

和是 87。」於是你得要到處問人家的生日，總要湊滿 4 到 6 個人的生日，才能完成 87 這個數字。為了達成數字，原本邀請好的日期主人，你要回過頭去退掉人家，還要深深彎腰表達至誠的感謝與抱歉。

頂祥認為自己性格中某些能力的養成，包括：有條理的邏輯能力，勤奮的工作態度，重視群體與團隊，以及不與人交惡，訓練專業專注本業以及天道酬勤的價值與信念，都是求學時光點點滴滴的養成。

在他所深愛的土雞產業中，創新思維及勇於改變的作為，讓翁頂祥寫下生物安全及制度建立的 SOP，頂祥說：「為了生出最有品質的蛋，我還熬夜讀書，弄懂蛋雞的生理構造，包括雞隻的體內輸卵管系統，然後一次一次試驗，調配飼料。」如此精心培育出來的蛋，在翁頂祥的手中，不但是打入外銷香港的第一品牌，各食品連鎖企業包括：統一 7-11 的茶葉蛋、晨間廚房、摩斯漢堡、麥當勞、全聯，用的都是翁頂祥生產品選的蛋。7-11 的茶葉蛋，原本是統一商品中最多客訴的，如今成為品質第一客訴最少的夯商品，翁頂祥說，「要做，就要做到最好。」

多元發展　百花爭鳴

網頁設計比賽

美和高中設有資訊科及資訊學程，是屏東縣最早在每間教室裝設全套單槍投影教學設備，網路線、螢幕、窗簾、冷氣一應俱全的學校。利用此設備，一次令人印象深刻的「PDA 快速記憶法」，透過影像達到記憶的學習策略，讓學生的學習模式有了另一種延伸的觸及。另外還有三間設備完善的大型電腦教室，讓美和中學被年代電通公司選為數位學習結盟的對象。

在如此設備中，資訊科吳明泰老師帶領學生張志光、吳翰昇、潘玉琳及潘君怡四位同學，參加交通部、教育部與國立臺北師範學院視覺藝術教育中心共同主辦的交通安全網頁設計，拿回第一名的殊榮。在360隊的激烈競賽中，吳明泰老師帶領子弟兵一路過關斬將，前後長達三個多月的時間，完成電腦動畫設計，張志光負責構思與協調設計，吳翰昇負責動畫卡通，兩個潘潘負責文字與美術的撰稿蒐集與設計，常常忙到凌晨一兩點還不肯收工休息，身邊的同學，全都成了軍師，每天都要看網頁新出的進度並且提供參考意見，當網頁中的卡通人物與美女，在動人的音樂中，獲得評審青睞時，軍師群的興奮之聲，遠大於累壞了的吳老師以及參賽成員。得獎之後的吳明泰老師，繼續率軍參加全國原住民網頁比賽，獲取佳作回來。

讓語言功力大躍進

臺灣加入WTO後，國際之間的競爭激烈是未來必然面對的挑戰；校務發展規劃中，確定在綜合高中設立應用外語學程（英文組／日文組），每學期舉辦的英語話劇及歌唱比賽，成了學校行事曆上的既定活動。

話劇比賽可有趣了，從編劇到製作道具，一切的溝通互動全部學生自行。演出的劇碼從「灰姑校搞笑版」、「白雪公主」、「青蛙王子」、「國王的新衣」、「睡美人改編版」，全都突破傳統窠臼，學生的演出詼諧有趣，在寓教於樂的過程中，啟發學生創作及表演藝術的潛能。尤其在改寫劇本的部分，學生不得不苦心鑽研英文文法與口語應用的略微差別，平常搞不明白的文法彈性運用，也在這種戲劇磨練與協力合作的過程中，終於給弄明白了。一場英語話劇比賽下來，「累斃了」，但是英文功力也大精進了許多。

重賞之下有勇夫，提升證照檢定的數量績效，顯然也能用這招。校務會議中，提案通過「英日語檢定獎勵辦法」，考取證照的同學，每位5,000元獎學金；另外，

規定日文課程為必修，是全國唯一必修日語的學校，而且必修期程為兩學年，此舉也得到日本文化協會的注意和肯定。

為了提升語言成效，國中部二年級下學期數學課，使用全英語教學的策略，除了讓各界關注，也讓學生備感壓力。在推動之初的「鴨子聽雷」，遭受阻力，但由於學生素質整齊，加上數學符號的運用得當，全英語數學課程不但繼續實施，甚至提前在國中二年級上學期實施，這兩項令家長微微擔心的創舉，也在家長充分的信任與授權中，持續實施。除了聘請三位外籍老師，也邀請臺南家齊女中張淑怡老師，來校擔任日文老師，年輕有親和力的張老師，本身的言行舉止與風采，就像高雅的日本女子，課程中運用圖表及影片，激發學生對日語的親近，張老師甚至把壽司食材帶來學校，讓學生在製作壽司的過程中，提高對日語的興趣，甚至主動報名日語檢定考試。

青少年時期是語文學習的黃金期，語言及文字的優勢能力，絕對是就業治事的重要工具。《聯合報》舉辦作文大賽的時候，美和中學認為這是為學生測試寫作能力的良好機會；後來更邀請當時聯合報系文學寫作營總策畫劉秀鳳老師來校指導學生。劉老師的文學課程果真令人耳目一新，拿「蘋果」做引子，把麵包牛頓還有白雪公主，全都腦力激盪成為文章裡繽紛燦爛的場景，引起學生熱烈討論的興趣。

那一年，《聯合報》開辦的作文大賽，美和中學 135 個學生報名，浩浩蕩蕩的三臺遊覽車開出去，全都是志在必得的開朗心情。那一年的作文題目「看得見」，高達 94% 的同學拿到四級分以上，白雪公主啃著蘋果麵包，驕傲的笑聲把蘋果樹下瞌睡的牛頓驚醒了。

獎牌一籮筐

　　某陣子電視上很流行「歡笑一籮筐」的節目，美和也很流行一句話，叫做「獎牌一籮筐」；為了紓解學生壓力，學校在校長室旁設立了撞球教室，歡迎學生拉幫結隊來敲桿。

▲ 火紅的街舞社表演

　　在歡樂的氣氛下學習，拿獎牌拿名次好像是電動遊戲裡的闖關遊戲，充滿了樂趣。民國 99 年縣府辦理國語文競賽中，美和中學一口氣拿走 10 個獎項：英語的朗讀、演講、作文比賽，客語及閩語的朗讀、演講、作文比賽，還有各自高中組與國中組，大滿貫的獎牌，掛滿美和參賽者的休息區。一個長的很像周星馳的屏中男生，經過時看見獎牌這麼多，忍不住嘖嘖：「要不要這麼誇張啊？」成為那一年的國語文競賽中，一個有趣的完美句點。

　　那幾年，學校開放學生成立的時髦社團中，「美和高中街舞社」算是最火紅的了；當時街舞社成立第二年，就參加竹園崗全國熱舞大賽，初試啼聲拿回第三名的獎牌，後來又參加屏東縣交通安全宣導街舞比賽以及阿猴城全國嘻哈街舞大賽，初出茅廬的高中生，打敗有專業水準的大專院校隊，雙雙告捷把冠軍摘回來，全校都樂壞了。當時熱舞社的成員有葉峻傑、陳宗廷、謝以諾、賴冠宇、陳彥廷、陳子揚六位，得獎上了癮，又瞞著父母師長報名參加民視節目「成名一瞬間──

第二屆文武雙全高校生飆舞大賽全國決賽」。評審團給的評語是：「撼動的舞步，純熟扣人心弦，高難度的動作具備藝術的力與美，年輕人的活力，已經具備職業水準。」可惜因為服裝較為滑溜，踩肩彈跳時有瑕疵而失分，因此「只拿了第2名」回來。

得獎固然欣喜，長輩們也很嘀咕：「跳舞那麼厲害，阿是有沒有在讀書啊？」當然有啊！英文特別優秀的陳子揚，考到15級滿級分，國立屏東大學英語系及其他多所大學都已經通知錄取了。

除了街舞，軍歌比賽這件事情拿獎也很有趣，有一年，屏東縣政府文化處舉辦「屏東眷村文化節軍歌及軍中情人歌曲比賽」，美和中學以「英雄好漢在一班」的歌曲，拿到創意組第三名，嬌滴滴的女孩，以嬌媚的聲音喊出「雄壯／威武／可愛／性感／嫵媚」搭配可愛的舞蹈動作，剛柔並濟獲得滿堂彩。

令人印象深刻的賽事，還有謝伯嘉與謝柏杰兄弟倆參加屏東高中主辦的「國中生數理資優研習營」，當時各校都推派資優生參加，美和中學也不例外。住在屏東市的謝家雙傑，任職於國立大學教授的父親，刻意把孩子送來「內埔鄉下」讀書，並且每個月都參加校方用心開辦的「名偵探柯南」、「英文頑皮報」以及「向巔峰挑戰：數學金頭腦」活動。那金頭腦活動可好玩了，挑戰成功可以得到獎狀獎金，謝家兄弟不但自己參賽，還會刻意邀請實力強大的同學進來競爭挑戰，因為「對手太弱了不好玩」。在菁英對戰的磨練下，那一年的「國中生數理資優研習營」只要取得58就是「特優」，謝柏嘉以73遙遙領先，硬是拿個「特優第一」的獎牌回家。

　　原住民同學除了傳統的歌舞才藝，其他的表現也很傑出。鄒族的莊敬，圍棋比賽全國第二。思路靈活的他，IQ 的 PR 值 99，五育俱佳。他全力衝刺基測，報名時聲明放棄原住民加分的權益，以如此破釜沉舟的心情用功，漂亮的基測成績 402 分，可達雄中。

▼動感十足的街舞表演是聯合校慶一大亮點

踩著音符
飛向遠方

星期天的下午，國寶戲院的經理，以不可思議的表情看著電影院中這一群眼睛發亮的美和學生。螢幕裡《真善美》的 Do Re Mi 唱起，滿滿座椅與走道上的學生全都跟著唱起，這畫面真是神奇。

這個奇妙的看電影活動，源自於一個中年男子興奮衝進國寶戲院要看《真善美》，知道下片以後的失望神情太令人無法忽視，戲院經理只好上前詢問。這位男子是美和中學的老師，深刻相信音樂的歡樂可以產生智慧。戲院經理沒聽過這套理論，但是被眼前這位老師感動了。於是，他特地從臺北調片回來，讓美和中學包場看電影，當別的學校學生在星期日下午埋頭補習的時候，美和的青春歌聲迴盪在國寶戲院裡，與阿爾卑斯山的青翠山脈相互應唱。

來自音樂教室的歌聲與琴聲

所有的聲音，都是一種安全感的保證，尤其是住宿生在校園常會聽到的音樂旋律；在音符飄動的美和夜晚中，埋頭讀書的住宿生，總在旋律中隱隱觸動自己未來的夢。

每日清晨，你可以聽見音樂教室傳來基本的鋼琴練習曲調，彈琴人認真在琴譜和琴鍵中摸索，每日黃昏你也可以聽見鋼琴並不落寞，總有人在它身上的黑白鍵上敲擊一個又一個努力的音符。〈少女的祈禱〉、〈給愛麗絲〉、〈銀波〉，在寂靜的夜晚，這優美的世界名曲在小提琴悠揚旋律的伴奏下迴盪夜空。

學生們都同意，在音樂教室彈奏鋼琴和拉奏小提琴是最滿足的事情，身處三樓高處，校園四周及底下樓層走動的學生都是聽眾，音樂教室空間寬敞，視野廣闊，窗外微風輕輕拂來，每一個琴音都是指尖裡的自然天籟。蘇培的〈詩人與農夫〉響起，窗外田園中，荷鋤而耕的農夫就像個琴音中的優雅詩人；〈甜蜜的家庭〉變奏曲或海頓的〈小夜曲〉，從小提琴上緩緩流出，美和校園似乎就洋溢著明朗與幸福。

住校的女生，很喜歡到音樂教室彈琴唱歌，有時把木笛帶來，教室就十分熱鬧。住宿生晚自修的時候，音樂教室的優美歌曲，在風中飄送出去。其中最受住宿生歡迎的是深具中國風味的〈幾度花落時〉。琴聲，是這座校園中各種情感與默契的橋梁。藉著琴聲的傳

▲ 夜裡三樓音樂教室的歌聲　傳送整個校園

遞，青春期許多的喜悅和憂愁，都消解了。已經畢業的學長姐難忘這樣音樂滿溢的校園，總是常常回來，以音樂與當年的青春相會。

除了琴聲，還有許多純樸的歌聲。宿舍裡愛唱歌的同學組成一個小小合唱團，利用週末在音樂教室練唱。成員中有很多位原住民學生來自美麗的山谷部落，最愛唱這首〈神秘谷之聲〉：

> 在那遙遠美麗的山谷中，那是我的故鄉，從那山中陣陣飄送過來美妙的歌聲。穿過森林和那山谷，也迴響在山徑，谷中聲音，縈繞耳邊，使我懷念神祕谷。

> 在那遙遠靜靜的山谷中，那是我的故鄉，記得童年，我們常遨遊在山澗溪谷中。山光依稀景如昨，那舊夢隨風飄過，青山悠悠，水聲常流，美妙神祕谷風光。

樸實悠遠的歌聲從音樂教室傳遞出去，迴盪在校園的每個教落，十分和諧動聽。除了學生喜歡唱歌，在美和教書的老師也喜歡唱歌，總是有三三兩兩的老師，騎著腳踏車，踏著月色到田間，一遍一遍的唱著〈在銀色月光下〉：

> 在那金色沙灘上，灑遍銀白月光，尋找往事踪影，往事踪影迷茫……

報佳音的夜

每年的聖誕節，校園中一定會有報佳音的活動。聖誕夜前夕的黃昏時，操場角落搭起了帳棚，80位成員中，男女各半。吉他、小提琴及口琴已經躍躍欲試了。

從男生宿舍唱到女生宿舍，再唱去美和護專的宿舍，天使們集結在第一棟大

樓的走廊，二部合唱〈平安夜〉，帶笑的眼睛全部望向護專大樓的陽臺。就像卡通影片的畫面一樣，每一間寢室的燈，一盞一盞亮了，房門紛紛打開，美麗的女孩走出來，靠在陽臺欄杆上，靜靜聽著〈平安夜〉，就像電影畫面一般。〈平安夜〉之後的〈神秘谷之聲〉，護專女孩拍手助陣，遙相呼應，一首又一首的歌曲，直到「Good night. Ladies」，護專女孩才離開欄杆，依依不捨關上房門回到麋鹿即將到來的夢中。

那一夜，報佳音的天使們真是存心不讓人睡，決定走往安靜的教職員宿舍。平日寧靜的小路，此時在天使群的腳下變得溫暖而熱鬧。小提琴的前奏劃破深夜，天使們的歌聲唱起，家家戶戶窗內的燈又是一盞一盞亮起。夜已深沉，村子裡仍有歌聲縈繞，這群可愛的孩子，以純樸的心靈和歌聲，在寒冬裡，領受了12月的光輝。翌日，很多人津津有味提及昨夜在睡夢中聽見的報佳音，好美，彷彿來自遙遠的天籟，在繁忙的生命中，是祥和也是力量。

乘著歌聲的翅膀

以棒球揚名全球的美和，在每一次的教育部評鑑中，都得迎接委員必談的話題：「除了傳統的棒球雄風，美和核心發展的課程特色還有什麼？」

美和美和，美麗安和，武山蒼蒼，椰林環繞，田園飄送稻禾香。

美和美和，美以致和，誠正勤毅，術德兼修，五育陶融志氣揚。

我們在這裡成長，有淚痕，有歡笑。

我們在這裡茁壯，有朝氣，有理想。

　　美和美和，至美致和，春風化雨，流澤永長，

　　如淡水泱泱，如旭日輝煌。

　　舊校歌是徐富興董事寫的歌詞，歌曲採自貝多芬第九交響曲的〈快樂頌〉。由於棒球隊在國內外的棒球比賽中要唱校歌，常有人建議要有本校創作的校歌，於是董事會責成曾焜宗和李淑梅兩位老師共同創作，民國 75 年完成了這首學生很喜歡唱的新校歌。

　　在美以致和的世界中，樂音飛揚是美和中長程校務發展計畫中的重要核心課程；以現有的優質學科能力為基礎，結合多元發展的語文與音樂特色，「文飛樂揚　美以致和」的願景，就是美和學生向世界前進的起點。

　　民國 102 年，美和國中女聲合唱團成軍參加屏東縣合唱比賽，由洪茂雄老師擔綱指導，幽默風趣的領導模式，讓學生短短兩個多月準備就緒。初生之犢不畏虎，這群有膽氣的孩子，沒有獲獎的得失心，只是歡樂的唱著，當時的小國一芊樺說：「當每一個人的聲音融合為一體時，真的很美很感動。就像灰

▲ 洋溢著校園特色與情懷的校歌

濛濛的天空,突然有一束陽光灑下,瞬間豁然開朗的感動。」

音符飄灑在校園的每一角落,古老智慧所說的「移風易俗莫善於樂」,就可以看見美和學生明媚開朗氣質互相感染;德國諺語所說:「在歌聲飄揚的地方,你可以放心休息,因為那裡不會有壞人存在」更是美和住宿學生難以忘懷的美麗記憶。國內知名的音樂博士李抱忱說:「了無暇思的心中,充滿了真善美,群策群力的創造美,是合作也是追尋。」

住宿生在夜風中所聽到的木笛樂音,後續還有一段動人的故事:在連續兩年獲得屏東縣合唱比賽甲等之後,民國105年的比賽,美和原有機會獲得優等積分,最後卻因為鋼琴觸鍵的誤差,以0.4分區居甲等。沒有懊惱與失落,只是覺得委屈了音樂伴奏的老師;因為平常練習的時候,都是以電子琴練習,與鋼琴觸鍵的誤差,讓這次比賽原本一路亮麗的成績,最後微分屈居。這份憐惜與抱歉,輾轉傳到這群木笛學姊中;木笛學姐們發揮驚人的串聯力量,很快就完成資金聚集,捐助母校一臺日本原裝的 YAMAHA 鋼琴。木笛學姐賴芳苑說:「讓伴奏老師擁有最好的,讓住宿的學弟妹聽到最好的。」緣於鋼琴的來源令人動容,圖書館三樓原本該是寧靜的讀書區,為了這一份「最好的」心意,特地改造成為合唱團專用的練習教室,也讓沉浸於唱歌的考生們,擁有最好的。

▲ 各種慶典活動常有校歌的演唱

唱歌的理由

為了喜歡,為了快樂,為了感

動，所以唱歌。

十二年國教的免試升高中積分，屏東縣有一項是多元才藝的積分，合唱團很容易在比賽中拿到積分，但一所學校要成立合唱團並不容易。平常大家喜歡到卡拉OK唱歌，既有伴唱音樂又有音響可以放大聲音，每一個人拿起麥克風儼然就是歌王歌后的架式。合唱團則不然，沒有麥克風，甚至有時沒有樂器伴奏，每一道聲音都是貨真價實的人聲。因此，要先做發聲練習及分部練習後，再合體共唱，練好一首歌往往要花上三、四十分鐘；曲調規模若較大，甚至可能要數小時到數天。許多人禁不起如此單調的聲部練唱及反覆的整曲修飾而打退堂鼓，合唱團也常隨之流產。然而一旦歌曲練好，當優美的和聲輕輕裊出時，「彷彿在我們站的地方，天地之間忽然光亮了起來」，讓人陶醉忘我。

合唱團是為喜歡而唱，為快樂而唱，不是為比賽而唱，正如戴金泉教授所說的「以歌養歌」。美和合唱團以《歌之翼》為基本教材，最常以〈小乖乖〉作為發聲練習的曲子，而〈神祕谷之聲〉是悠遠的二部合唱，男聲加進來，就成為很美的混聲四部。美和兩校聯合運動會的師生大合唱，以這兩首曲子為主，呈現出經典「美以致和」畫面。

喜歡唱歌的女孩，多半很聒噪。尤其是小女生聚在一起，每次練唱前一定都要訓斥一下才會進入狀況。小女生的歌聲總是開朗清高，潔淨的如同山頂輕盈的雲，或許也跟練唱前的聒噪喧嘩開喉嚨有關吧！音樂有一股神妙的力量，當節奏旋律與情感融入和聲後，小女孩的聒噪全都成了悅耳的歌聲。音樂的奇妙也在於此，原本吵雜煩人的噪音，有了節奏、旋律與和聲的整合，加上情感的融入，流洩而出的，就是動人悅耳的歌聲，令人心情頃刻間為之一變。

美和中學雖然建設於典型的客家轄地中，創校以來的良好辦學績效，讓家長不分族群，願意將孩子送來美和就讀。校園內除了閩客族群的孩子，也有許多來

自原民部落的學生。原民學生的宗教信仰大都為天主教與基督教，在他們嘹亮的歌喉中，除了有各自部落的祖傳吟唱，更有許多高潔的聖歌，在校園的各方角落唱起。在「人人都應當知道」的〈平安夜〉裡，「每當我想起祢」的〈奇異恩典〉，畢業典禮則以〈You raise me up〉、〈送你這對翅膀〉、〈勿忘我〉送給畢業生。

這些年來的美和校園，〈小乖乖〉與〈遊子吟〉的歌聲，在「農村四季」長年飄揚，從〈神秘谷之聲〉到〈在銀色月光下〉、〈翠峰夕照〉，林聲翕名曲陪他們「迎向春天」，周鑫泉的名曲〈城南送別〉，為他們留下最美的懸念。日本作曲家松下耕的〈信じる〉，是大武山下難忘的旋律，在〈榮耀的日光〉中，學生以國立臺灣大學合唱團的演唱當作範本，期許自己：「要唱進國立臺灣大學合

▼ 〈榮耀的日光〉中的畢業典禮

唱團，像舞臺上的臺人學生一樣，意氣風發！」於是這一年，芳草碧連天的畢業音樂會中，〈榮耀的日光〉旋律再度揚起。

站在舞臺中央的芊樺姐姐

從國二到高二，參加合唱團的閻芊樺，一直都當團長，也一直是學妹很喜歡的團長姐姐。在老師眼中，芊樺是一個很有天賦的女孩，不論是視譜或是即興配和弦彈奏，除了能夠勝任愉快，更能夠在勝任愉快的過程中，把歌唱的歡樂感染大家。

芊樺姐姐是個全方位的聲部，能夠隨時機動支援各聲部的練唱；外聘伴奏老師的時間無法配合團員練唱時，芊樺又成了神奇的伴奏手。她有神奇的領眾魅力，國際旅行前往日本的時候，她總是能夠把各種迷路的學弟妹「pick up」撿起來。

芊樺認為自己是個平凡的女孩，但是只要進入美和的校園裡，她就成了一個「超級神奇又厲害的芊樺姐姐」。高中一年級的時候，合唱團指導老師讓芊樺姐姐擔任男聲合唱團的指揮，芊樺抗拒的很。一則不認為自己有這樣的能力可以帶領一個合唱團，二則是「非常不習慣站在舞臺的中間，感覺所有眼睛都在看著自己。」

一個學妹蹦蹦跳跳來到芊樺眼前，說：「你這麼棒。眼睛不看你要看誰？」芊樺想起剛開始協助鋼琴伴奏的時候，她也覺得自己不行，但是老師跟她說：「彈琴很厲害的人，不一定是好的合唱伴奏。你知道最棒的伴奏是，能夠注意合唱的歌聲，能夠跟從指揮的指令。」

　　鼓起勇氣，芊樺終於直下承擔，開啟美和中學男聲合唱團的指導老師兼指揮生涯。她站上舞臺的中央，生平第一次在舞臺上以指揮的身分參賽，雖然合唱比賽只拿到甲等的成績，但是其中一位評審老師的評語「指揮很有音樂性」，讓芊樺的眼睛，差點盛不住一直忍住的眼淚。

　　賽後，芊樺看到錄影片中的自己，無法停止從心底泛起的笑意。除了覺得自己的動作很滑稽，也感受到自己這一路走來的幸福及好運。有這麼好的老師鼓勵自己，給自己機會；還有那麼好那麼可愛的學弟妹，讓芊樺不再畏懼讓全世界的眼睛都看向自己。

　　除了音樂指揮，芊樺的手還擅長繪圖設計；合唱團一直用來練唱的第四版《歌之翼》封面，就是出自她的手筆。最初用於團服的設計，是金色的音符灑落在美以致和的校園中，書中新增的很多歌曲，也是由當時高中剛畢業的芊樺和凱琳，返回學校以娟秀的字跡，一筆一畫用心寫上。值得特別說起的是〈城南送別〉這

▲ 有歌聲翅膀的團服　常在校園飛翔

▲ 舞臺中央的芊樺姐姐

首曲子，這原是李叔同填詞的世界名曲〈送別〉，現代音樂家周鑫泉把林海音《城南舊事》書中的一段畢業歌詞加入後，重新編曲，格局大器且磅礡。芊樺在網路搜尋許久，找到不完整的曲譜，乾脆重新製打五線譜，然後手寫混聲四部的簡譜，造就《歌之翼》這本書豐厚的深度。在國立屏東大學讀書的芊樺姐姐，常常回到美和陪伴學弟妹們以歌聲成長。如今已習慣站在舞臺中央的她。已經邁步前往世界舞臺所在的地方。

全部都是主角

民國 106 年起，英語話劇比賽改為全校性的班際合唱比賽——原本只需要在臺下看表演鼓掌的學生，這下子，每個人都得上臺成為不可或缺的一員。這是很實際也很多方位的發表教學。比賽的兩首歌曲，一首為中文歌曲，另一首為外語歌曲，除了英語，美和原本就積極推動的日語教學，這時候正可以派上用場，展現功力。

除了原本就很強大的音樂才華，全校性班際合唱比賽讓各種樂器及才藝紛紛出籠。比賽前的練唱期，校園各角落都是樂音飄揚，坐鎮監督的老師們，看著學生興致高昂，忍不住也會在旁提出意見。比賽當天可精彩了，穿校服的穿班服的，都有，加上各自創意發揮的裝飾和看板，積極傳達各班特色與精神，每一團的領隊同學顯然都是能夠獨當一面的大將，為了把合唱團的「合」字精神發揮出來，每一個團員的服從與配合也特別高。站上合唱舞臺的同學，每個人都是主角，在互相的提醒中把自己最好的一面展現出來，不但儀態端正，也盡情把自己最好的歌聲唱出來。

比賽後的講評更是歡笑到最高點，因為在乎，所以每個人都全神貫注凝聽本班演出的優缺點，獲獎班級固然歡聲雷動，未得獎班級誇張的扼腕嘆息也是非常

▲ 在班際合唱比賽中，每個人都是主角

▲ 班際合唱比賽中的客串演出

逗趣，不管得獎與否，大家的歡樂都高潮迭起。

以往，各級學校辦理合唱比賽都很常見，但在街舞當道的年代，大型音樂合唱比賽已經少見了；美和中學不僅年年舉辦，演唱的曲目水準也都很高，有些班級混聲合唱的歌聲甚至媲美大學的系際合唱比賽。

連取三項合唱優等的鄉下學校

民國 105 年的秋天，國中女聲合唱比賽的指定曲為〈Sing a new song〉，自選曲為黃瑩作詞、林聲翕作曲的「山旅之歌組曲」中的〈合歡飛雪〉加〈翠峰夕照〉，比賽地點則是在即將開幕的屏東演藝廳。主場大廳的場內環繞音效極佳，團員的歌聲，將翠峰夕陽下的松影小徑與芳草依舊的眷戀深情，融合如天籟般，讓聽眾沉醉不已。

　　有了這樣的美好感受，隔年以王尚義的新詩〈迎向春天〉來迎戰對手。這首由林聲翕譜曲的詩，音域極高，且一再轉調，但詩境般的鋼琴與歌聲，就像淙淙流水盪著春暖，王尚義的文章與人生，給人灰灰的感覺，而這首〈迎向春天〉卻如此溫暖高昂，是年輕生命最純潔的渴望。

▲ 國中女聲合唱團在剛落成的演藝廳比賽，首次得到優等

　　這一年，女聲合唱團再度獲得優等佳績，國中男聲合唱團也得到優等，而此次初成軍的高中混聲合唱一樣得到優等，這一所以升學為重的鄉下私立學校，在同一個學年度獲得三個合唱比賽的優等，是屏東縣這些年的唯一。非音樂科班出身的曾焜宗校長（指揮），17歲的芊樺姐姐（伴奏）領軍出馬，共同締造美和音樂史上漂亮的一頁。

▼ 榮獲高中混聲、國中男聲、國中女聲三個合唱優等的喜悅

全國學生音樂比賽屏東縣賽歷年成績

學年度	組別	成績	指定曲	自選曲	註
102	國中女聲	甲等	Hotaru Koi	橄欖樹	
103	國中女聲	甲等	合歡飛雪	在銀色的月光下	
104	國中女聲	甲等	教師頌	在銀色的月光下	
	國中男聲	甲等	故鄉	送你這對翅膀	
105	國中女聲	優等	Sing a New Song	合歡飛雪、翠峰夕照	
	國中男聲	優等	Firefly	送你這對翅膀	
106	國中女聲	優等	A Joyful Song	迎向春天	
	國中男聲	優等	You Raise Me Up	Firefly	
	高中混聲	優等	翠峰夕照	在銀色的月光下	
107	國中女聲	優等	Turn Around	迎向春天	
	國中男聲	優等	遊子回鄉	送你這對翅膀	參加全國賽
	高中混聲	無	Gloria Alleluia	城南送別	
108	國中女聲	優等	Be Thou My Vision	城南送別	
	國中男聲	優等	故鄉	送你這對翅膀	
	高中混聲	優等	Jesu, Dulcis Memoria	榮耀的日光	

學年度	組別	成績	指定曲	自選曲	註
109	國中女聲	優等	如果明天就是下一生	百合花開	
	國中男聲	甲等	寒夜	千の風になって	
	高中混聲	優等	雪花的快樂	信じる	
110	國中女聲	優等	百合花開		
	國中男聲	甲等	千の風になって		
	高中混聲	甲等	城南送別		
資料整理：芊樺					

▼ 在校園中，我們常乘著歌聲的翅膀

凝望世界的美和菁英

「世界，我正在準備走向你！」美和中學的國際視野鼓勵學生走出去。校園中的年輕孩子，每天看著大武山巔遠飛的老鷹，胸中也有一股初生之犢的勇猛心情，時時磨練自己，走向世界舞臺的中心。

　　語文教學一直是美和的強項，國一階段就已經把日文列為必修課程，除了每學期頒發英日語檢定獎金引起學生興趣，在全國外交小尖兵的比賽上，美和也有很傑出的表現。此外，學校也積極安排各種國際教育旅行與遊學，增強語文的實地交流。

　　由於美和推動國際互動的課程與活動，受到矚目與肯定，也有不少中南美學生提出入班學習的申請並寄宿到同學家。來自日本琉球的山口由喜同學，高二時來美和註冊入學，原本規劃一年時間來學習，最後卻因捨不得離開，而讀到高三畢業，父母也特地遠從日本趕來參加畢業典禮。

　　來自義大利卡布里島的裴佳美、裴雅卿姐弟，出身於傳統天主教傳教士的家庭。由於手足多，姊弟倆假日要幫忙做披薩貼補家用，也盡量爭取在學校工

▲ 畢業特別獎的日本學生山口由喜（右四）與義大利學生裴佳美（右三）

讀的機會。活潑樂觀的生活態度，很受到美和同學的喜歡，姐姐喜歡合唱、弟弟是排球場上最吸睛的裁判，他們倆人是美和各種校內外活動中，最引人注目的國際焦點。

日本教育旅行

到日本教育旅行，是教育部推動鼓勵的，能夠看得到的學習，都遠非教室裡的知識所能超越。學過日語的同學，對於日本的教育之旅都躍躍欲試，歷年來曾經去過東京、大阪、京都、九州、四國和北海道等地區，在東京迪士尼樂園和大阪環球影城的暢遊外，也到寄宿家庭去體驗日本的生活方式和文化。

在日本的教育旅行中，每個學校安排的訪問課程大致都是分站體驗日本的特色課程，如劍道、相撲、茶藝……，每場初相見，各校都會拿著日本和中華民國的國旗迎接大家下車，兩校相互介紹及校歌演唱後，在彼此融入校園的互動學習中，可以看到各校對國際交流的重視，以及日本學生服儀的整齊和言行的自律性。在學校已學了一些日語的美和學生，起初有些生澀，但經過一番英語、日語、比手畫腳、手機翻譯的互動後，年輕人的溝通已不是問題了。每年的日本教育之旅，大家都會一起寫書法及漢字，仔細想想，臺灣的書法教學實在遠不如日本用心。

最令學生印象深刻的是北海道大學裡美輪美奐的歐式建築，開拓學生對於走向全世界的嚮往；在惠明中學發生的兩件事情，顯然也令學生深刻震撼。其一是彼此的音樂交流，惠民中學管弦樂團以撼人的氣魄奏出名偵探柯南的主題曲，讓這群看柯南長大的孩子們身心俱震，而我們這群旅人則以日本童謠〈故鄉〉（ふるさと）獻唱，這是每年到日本教育旅行必唱的一曲。印象最深刻的一次，是北海道的惠明中學，演唱當地最具代表性的〈知床旅情〉後，全校八百多位師生起

▲ 在北海道惠民中學與日本師生大合唱日本歌曲〈故鄉〉

立與我們一起大合唱〈故鄉〉，彼此相互交換的真情，令人難忘。另一個令美和學生震驚的是日本學生嚴謹自律的應對進退。在聯誼相聚中，惠民中學學生坐ㄇ字型，從一進場的坐定後，手腳幾乎都沒有動過；國中部的劉宣里，會後一直說：「備感壓力！備感壓力！」

另一個難忘的體驗，是前往開拓村，以文化資產保存的角度，看人類文明的進展。面對許多好玩有趣的事物，我們設計了一門在廢棄學校的教室裡，上一門盧奕宇老師的物理課，讓學生在學習中充滿時空交錯感，相信這場海外學習不只拓廣學生的空間視野，更強化了學生難以言喻的歷史情懷。每一次的離別，學生們蜂擁合照，來送行的 homepa 及 homema 常會熱淚盈眶加入離別的合唱。

日本北海道的蒲公英花球極大，孩子們驚嘆不已的眼睛，看到這個世界的無限遼闊與遠大！美和中學的國際教育課程深刻體認這一點，於是把學生帶出教室、帶出校園、帶出臺灣，讓他們看到不一樣的世界。在成長的路途中，讓學生

有所嚮往，感受震撼與高壓，絕對有助於他們未來人生更高格局的視野開拓與提升。北海道「羊之丘」的山坡上矗立著北海道大學創辦人克拉克博士右手指向遠方的銅像，底座是他的名言：「Boys，Be Ambitious！」這正是美和提升國際視野的歷程中，激勵年輕人胸懷大志的教育。

▲ 日本 homepa、homema 的熱情相送

▲ 在交錯的時空中，看到不一樣的世界

▲ Boys, Be Ambitious!

與美國 Catlin Gabel School 共啟新頁

　　美國的 Catlin Gabel School 每年都會來臺灣，在北中南東部各地各校參訪後，最後敲定美和共同簽約成為合作學校。除了美和的課程豐富及學生友善，最吸引人的應該是美和文化樂於融入客家及原住民文化，還有許多其他繽紛的多元文化。民國 104 年 3 月，Catlin Gabel School 來到美和，升旗時間的歡迎會中，彼此相互介紹和節目表演，全校師生的歌聲及掌聲，讓熱絡的氣氛融化彼此。為期一週的教學與活動中，穿著客家傳統藍衫與唐裝，與美和學生一起上課，是最令人難忘的記憶。分配到各寄宿家庭後，各種在地物產的 DIY，以及品嘗客家傳統的節慶食品紅粄、白頭公粄、芋頭粄，帶來許多有趣的記憶，尤其練習說客家話的過程中，更藉此認識了不少客家習俗。在操場上，與美和棒球隊的練習，是最開心的回憶，參訪客家與原住民文化園區，則讓他們感受到屏東多元族群融合的了不起。

▲ 融入客家及原住民文化的多元文化體驗課程

民國 105 年寒假，美和師生負笈前往美國，與該校進行交流和 Homestay。

Catlin Gabel School 是「Catlin—山坡學校」和「Gabel—國家鄉村學校」兩所學校於 1957 年合併而成，稱為 Catlin Gabel School，於 1958 年搬遷到目前的校園所在，這是一所由女強人 Ruth Catlin 及 Priscilla Gabel 創辦的

▲ 美國師生來訪，在六堆文化園區留影

學校，也是俄勒岡州最優秀私立貴族中學，每年註冊費約需臺幣百萬。Catlin Gabel School 學校課程設計特色，是針對資優學生設計高等學科或學術課程的自主學習，非常注重國際化教育，也積極培養具備多元特質與能力的領袖人才。高中階段長達兩年的外語專長課程，除美語外還需修習第二外國語，如中文（從小學就學）、西班牙文、拉丁文。類似美和國高中必修日文四年，學生畢業門檻要求須參加社區服務，另外藝術類課程，例如：美術、音樂、舞蹈、戲劇等，必須擇定其中一門為必修專長。

Catlin Gabel School 的校園樹木繁茂，優美的環境充滿濃厚的人文精神，冬天漫步其中，詩情畫意的情調，真是書香滿溢。校園中看到中華民國國旗跟美國國旗升在旗桿上，心中有著莫名的感動。十四天的行程，美和高中與 Catlin Gabel School 簽訂姊妹校，為後續雙方培育領袖人才的重任，開啟美好的新頁。

▲ 澳洲遊學　　　　　　　　　▲ 英國遊學

澳洲與英國遊學

　　高度肯定母校語文素養教育的畢業校友，目前是澳洲昆士蘭省的教育廳官員，特地遠從澳洲回到母校，提供澳洲遊學的優惠方案，為期三週的遊學，讓美和師生團隊充分體驗不同的教育和文化。

　　從澳洲回來後，高中的吳怡婷跟學弟妹們分享在雪梨大學、聖母瑪利亞大教堂、維多利亞購物中心以及布里斯本的點點滴滴，這個小女孩，從原本的羞澀與不安，變成開朗與自信。怡婷在澳洲期間，被 Colum State High school 國際同學們盛讚為「數學天才」，說起這段被讚為數學天才的旅澳生活，怡婷的眼睛亮晶晶，她心中那一片前往世界名流大學的夢想已被開啟──「當你周遭的同學朋友都是菁英，你當然會期許你自己也成為菁英。」

　　澳洲遊學的經驗分享，啟動了隔年的英國遊學。常維禎一行 15 人是第一批

到英國遊學的學生，他們到 Greig City Academy 報到後，各自分配一位學伴以及 homestay 的安排。在澳洲遊學的課程中，參與戲劇課以及社團性質的機械課，可以感受到每一位學生躍躍欲試的積極態度，老師不很威嚴，但學生都很尊重。到倫敦遊學，一定要到白金漢宮看衛兵交接，在倫敦鐵塔看大船在泰晤士河駛過開啟的鐵橋，看到正在維修的大笨鐘，沉醉在國王十字車站裡，哈利波特穿越的 9 又 3/4 月臺，在這裡打卡拍照，似乎就能搭上前往霍格華茲的特快列車。

當然也要去劍橋大學，「輕輕的我走了，正如我輕輕地來，我揮一揮衣袖，不帶走一片雲彩。」詩情畫意的教育旅行，讓年輕人的夢想翅膀，有了不一樣的飛翔。

▼ 讓夢想的翅膀　有不一樣的飛翔

適性揚才
每個學生都有
舞臺

第二棟紅樓後面的集合場，是以前水銀燈下的世界。司令臺重新加大美化後，臺上釘著金色的「歡樂 多元 美和新視界」，是近年美和的辦學特色和願景。十二年國教的目標，是朝向「適性揚才 把每一個孩子帶上來」。美和中學的教學策略，也一直努力提供各種適性揚才的舞臺，讓學生在快樂的學習環境中，喜歡學校，展現才華，在多元的升學管道中發光發亮。

模範生競選的「群星」「追光」

　　美和新視界的舞臺，是校園裡最重要的「蛋黃區」，每次全校集合在這裡，就像一個歡樂的大家庭聚會。每週的升旗時間，幾乎都有校內外各種競賽的頒獎，每學年激烈的模範生競選活動，已經延伸戰火到宛如各班的才藝競賽，熱歌勁舞的才華洋溢，就在這個舞臺。

　　青春的孩子，總是席地而坐在水泥地板。常帶學生到日本進行教育旅行的曾焜宗校長笑著說：「日本學生也都坐地板，但他們是坐在木質地板上；我們坐在水泥地板上，我們的境界比日本人更能隨遇而安。」

　　每年 3 月的模範生競選表演，總是讓國二及高二的學生率先登場，沒有三年級生的壓力，沒有一年級生的青澀，這群二年級生總是能從頭到尾帶動現場氣氛，讓活動在尖叫聲的拼場中歡樂結束。第二天上場的小國一，是第一次參與這樣的活動，看過前一天學長姐的盡情演出，小國一俐落的舞蹈動作，絲毫不比學

▲ 模範生競選活動彷如班級才藝競賽

▲ 義大利學生裴亞青（前排右一）與同學參加模範生競選

長姐遜色；各種男扮女裝的唱歌與舞蹈，再加上各種國術的刀槍耍弄等才藝，幾乎是國小時期的各種才藝搬上舞臺。

　　壓軸登場的是勤奮備考的國三生，在強大課業壓力的磨壓中，國三生的歌聲與舞蹈，特別有爆發力，完全不減去年國二時期的亮麗風采，實在令人納悶他們是利用什麼時間準備這些歌舞的？「阿就沒有準備啊！」「把考試壓力瘋狂的發洩出來，就是最強大的考生舞囉！」哇！這群孩子……模範生競選活動結束後，常常造就很多校園「明星」，就像〈追光者〉的歌聲唱出後，校園中的「追光」旋風，也是美和生活中的有趣記憶。

芳草碧連天的「畢・尚」與「畢業」

　　在一二棟紅樓的中庭，有一片碧綠的草坪，幾棵欖仁大樹的樹冠，造就一大片清涼的綠蔭，這也是師生都愛去的地方。秋冬時候的綠葉變紅，又是大家拍照的網紅熱點。你聽，「樹・蔭」下的快閃──

> 人生路一定有風也有雨，用淚水灌溉生命的勇氣
>
> 用希望化作風中的羽翼，讓夢帶走心中的憂鬱
>
> 你陪伴我穿越高山和大海，我的心有你才會澎湃
>
> 我願意放棄所有堅持和驕傲，相信你因為相信愛

　　有個高二菁英班，在班際合唱比賽中沒有得到預期的成績，一直想要有個機會，再唱一次給全校聽。於是，某個出奇不意的下課時間，這個菁英班用大提琴伴奏一場快閃，演唱〈風中的羽翼〉，或許是風太美，或許是羽翼的飛翔太幻麗，

這群菁英孩子的快閃歌聲，獲得兩棟大樓間，久久無法停歇的掌聲與喝采。

　　民國 110 年高三畢業的這一批學生，常常說起自己出生那一年，正是 SARS 肆虐那一年；如今正在跨越 18 歲門檻，擺脫「未成年」，新冠肺炎 COVIC-19 又來攪局。遇到超難的學測，不能重考，延燒一年多的新冠肺炎疫情此時更加嚴峻，突然間的停課和各種群聚活動，讓大家著急了。當時的社會氛圍是人與人之間的距離拉遠，口罩讓彼此之間缺少了交流。而這一批生於 SARS，畢業於 COVID-19 的孩子，為自己辦了一場非常有意思的畢業典禮。

▲ 中庭「畢‧尚」音樂會

▲ 中庭「樹‧蔭」的快閃

　　他們在一二樓中庭的欖仁樹下，辦一場畢業前的演唱會，命名為「草地音樂會」。國中女聲合唱團以〈城南送別〉作為歡送學長姐的畢業禮物，這是當年屏東演藝廳剛開幕時，屏東縣合唱比賽中，高中男聲合唱的曲子。原曲是李叔同填詞的世界名曲〈送別〉，加上現代音樂家周鑫泉，把林海音《城南舊事》書中的一段畢業歌詞加入，重新編成規模更大的合唱曲。

　　為了紀念這一場青春的畢業，他們又為自己創作一首歌曲〈畢・尚——畢業在即・故事尚未結束〉。於是，中庭美麗的「樹・蔭」，讓「畢・尚」呈現出非常唯一的，芳草碧連天的音樂盛宴。

相遇江南的大小喬

　　每年的國高中一二年級的公訓活動，是美和的重要大事。為了紓解學生壓力，激發活力與擴大視野，三年學習期間，都有不同形式的活動規劃。一二年級時，為學生安排兩天一夜的校外教學和公訓露營活動，三年級則是三天兩夜的畢業旅行，青春的腳步踏遍六福村、日月潭、九份、社頂、夜市……。

▼ 中庭芳草碧連天的「畢業」

▲ 點亮自己的露營晚會燭光　　　　　　▲ 史上最壯的大小喬相遇江南

　　為了籌辦活動，美和教師團隊總是在一年多前，就開始踏查勘場，尋找適合的地點。校內的各種會議或閒談中，教師群也不時討論公訓活動的課程安排如何設計。學生隱約感覺到某一種興奮的氣氛在校園中慢慢盪開，總會有意無意試探老師：「今年公訓活動去哪裡玩？玩什麼？」老師們翻翻白眼，逗趣的表情讓學生更期待公訓活動的進行。

　　以110年的公訓活動為例，這一次安排在臺南的江南渡假村舉行，活動設計以「三國」為主題，在精心安排下，讓歷史人物著古裝上場。擔任營主任的校長，負責扮演蜀國的皇帝劉備。一上場，劉備就吟了《三國演義》的開場詩，陸續上場的還有纖細女老師反串扮演的諸葛亮，另外再刻意挑選身材壯碩的兩位男老師，飾演大喬和小喬。大喬和小喬的「美」，果然撼動古今，兩個喬一上場，現場學生尖叫亢奮，久久不已。結訓時，「劉備」忍不住發表這樣的感言：「朕感謝三國將士的合作與競爭，江南的會師畫下精彩和完美的句點，也創下幾個紀

錄：史上任期最短的皇帝、最秀氣的宰相、最壯碩的大喬和小喬。」

即使學生畢業了很久，大喬和小喬兩位男老師相遇在美和的校園中，仍然會提起在江南的水邊，那一場令人永生難忘的驚豔。

▼ 國、高三畢業旅行到臺北

▲ 校友回校參加美和 60 慶祝活動

▲ 族群融合的美和大學園

▲ 校慶兩校師生四部合唱〈甜蜜的家庭〉

聯合校慶運動會

每年 12 月，是美和中學與美和科技大學攜手辦理兩校聯合校慶暨運動會的日子，五、六千人共同參與的盛會，場面實在很壯觀。由棒球隊員帶領進場，進場人員則從幼稚園到國中、高中、五專、四技到研究所。

運動會的升旗儀式，比照奧運模式，由國中女聲合唱團現場演唱運動會歌，接著演唱具有代表的合唱曲。美和科大的校花是百合花，因此，民國 109 年的入場演唱，以合唱比賽得到優等的〈百合花開〉，祝福兩校的校運昌隆如百合花開。民國 110 年是美中創校六十周年，演唱〈智慧　友情　歌聲〉，唱出美和這六十年充滿智慧、友情、歌聲的校園特色。

大家也都記得，曾有一年，兩校董事長、校長和部分教師也加入演唱〈甜蜜的家庭〉和〈平安夜〉。放眼國內外的各校運動會，如此模式與規格，應該是很難得一見的。每年最精彩的壓軸，是兩校教職員和棒球隊的

大隊接力比賽，棒球隊員的奔跑本來就很吸睛，平常在講臺上拿著粉筆與書本的老師，拿著接力棒奔跑的畫面更具有強大的吸引力，不絕於耳的加油聲，讓奮力快跑的老師，壓力不減反增，屢屢跌跤引起學生關懷的尖叫，成為運動場上的另一種刺激。

▼ 盛大精彩的兩校運動會

在群星中
閃耀自己

能夠看到遠方的鷹，必能展翅飛向最
美的峻嶺。在美和的校園裡，每一個
孩子都是鑽石與珍珠，只是欠缺了發
光的信心與角度，而我們幫助孩子，
看見了自己的光彩與亮度。

沉澱心情　蓄勢待發

考上國立交通大學電機工程學系的蘇子源，在美和校園從初中讀到高中，六年的美和時光，有一個很亮麗的封號「校排一」。

有一天，校排一的導師李女青老師跑來找校長，說：「我班上那個校排一，最近壓力好像太大了。」怎麼回事呢？導師也不知道這是怎麼回事？這個校排一，明明就實力很好，也一直都很認真讀書，可是最近幾次的模擬考，考得很「翻船」。導師擔心的不是校排一的考試成績，而是他的心情；他自己很擔心自己的狀況，更擔心自己這樣翻船下去，學測考試會讓大家失望。校排一害怕讓大家失望。

導師請校長去班上跟學生聊一聊，她記得三年前，校排一當年要國三會考的時候，也是校長去班上「聊一聊」。那一個聊，從羅貫中的《三國演義》一路「聊」到日本的宮本武藏，校排一和其他在考試壓力鍋下快炸鍋的國三生，一整個下午沒讀書，沉浸在校長的「聊」裡面。三國的刀光劍影讓年輕的孩子熱血奔騰，宮本武藏的禪坐世界中，那條安靜滑過盤腿的毒蛇，讓血脈噴張的孩子們屏氣凝神，試著去體會：寧靜才是世界上最強大的力量。

沒有考試沒有分數沒有排名，也沒有父母期待的眼睛……面臨大考的孩子們在校長的故事中沉靜了自己。那一年的考試，校排一跟其他考生都考出了非常亮麗的成績，但是校排一蘇子源選擇留在美和繼續讀高中。

進入高三後，屢次翻船的成績，讓校排一再次陷入無法提升的困境。校長安慰眼前這個把學生當自家孩子疼惜的導師，「老師，您安排時間，我去班上做個考前複習。」這一次的「考前複習」，校長像個知心多年的老朋友，跟學生們娓娓訴說自己在教育世界裡的種種難關，最後說：「我能夠和你們這一群優秀的年輕人，在美和的校園裡共聚六年時光，我感覺很喜歡。能在你們畢業前，再度分享我自己

生命中的一些理念和經驗，我覺得很親切。」沒有羅貫中沒有宮本武藏，沒有強大的鼓勵與期許，沒有未來願景的鋪天蓋地，只有很真誠的心情分享。窗外樹梢傳來午後蟬聲的低吟，校排一的眼睛亮晶晶，他在校長的故事中，勾勒著自己的生命情懷。那一年，蘇子源考出原本就屬於自己應有的水準，「國立交通大學電機工程學系」，在眾人的讚嘆聲中，他摸摸腦勺子，靦腆笑出屬於自己的風采。

面對「會考」　美和的學生很會考

十二年國教以「會考」取代九年國教的「聯考」。九年國教聯考時期，國文、英文、數學、自然、社會五科採總分 700 分的總分制，分分計較，錯了幾題的失分，可能就會跌落不少志願序；會考則是採級分制，一樣的五科，每科依分數給 A（精熟）5 分、B（基礎）3 分、C（待加強）1 分三級的免試積分，五科 A 是滿級分 25 分，屏東縣的免試積分一直這樣採計。都會區則與屏東不同，微調的採計政策變成 A++、A+、B++、B+ 的級分，5A++ 就是最高的 35 級分。

這樣的級分制，全對或錯兩題都有可能是 A 或 A+，甚至 A++，這也是容許學生擁有寫錯的彈性空間，也可以減少難題的困擾；這種強化五科的均衡學習，其實也很可以減少課業壓力，朝向多元的發展。

美和的學生很會考「會考」，幾乎是眾所周知的事實。近幾年來陸續表現在國中會考後的成績揭曉，總是屏東縣的第一。整體來說，5A++ 平均每年 4 位，而 5A 以上約 17% 的比率也大幅領先各校。但大學學測成績是否也保持一樣的優勢？尤其很多高手選擇到他校就讀。於是，同樣的會考成績，留在美和是否比到他校就讀的同學表現更好，成為大家關心的焦點。

事實證明，「留美」還是比較好，因為同學感情好、老師教學認真，也少去重新適應新環境的困擾，而且有著重校排的繁星優勢。

▲ 國中會考 5A 及 5A++ 的喜悅與自信

亮眼的繁星入學

　　大學學測成績揭曉後，首先迎接的多元入學管道，就是重視在校排名的「繁星計畫」。想要進入醫學系就讀，首先要校排 1%，臺、清、交、成、政等頂尖大學也常要 5% 之前，各科學測級分跨過門檻就錄取了。仔細分析和觀察，「繁星計畫」讓很多城鄉的學校和孩子有機會進到醫學系和頂大就讀，而且入學後的表現都很受到肯定，尤其勤懇認真的讀書態度更是大學教授給予高度肯定的。

　　學測一樣採級分制，每科的最高級分為 15，五科都是 15 級分就是 75 滿級分。108 年度開始採計四科，60 就是滿級分。每科的級分又依序有頂標、前標、均標、後標之分，各校系有不同的達標門檻。對醫學系而言，成績好未必是好醫師，第二階段的人格特質和其他素養更重要，因此，通過上述篩選只能算是第一階段，第二階段的面試才是最後的決戰。

　　若繁星如果不能如願填上理想中的大學，就要透過申請入學，除了學測成

績，還要看備審資料的內容和面試的表現。由於美和學生不算多，各種參與活動和比賽的機會也比較多，在校三年的活動成果，非常可以豐富每個人的備審資料，也有較多的校系可以選擇。因此，許多美和的學生都願意不選擇繁星管道，而直接挑戰在申請入學的多元呈現和自我行銷，尤其校方後續的面試輔導非常用心，這也成為美和多元升學的強項。

從美和的繁星　前往臺北的醫學

住在高樹的盧佳壕雖然成績是校排一，但學測才考 68 級分。他執意要以繁星管道進入臺北醫學大學醫學系，老師評估機會不大，建議到臺清交的理工學院。但佳壕說：「我住高樹，每天 5 點多起床到美和讀書，就是為了讀醫學系，現在跨過第一階段門檻，為什麼不讓我去試試？」

到北醫面試時，佳壕知道自己學測成績的劣勢，但還是鼓起勇氣提高聲量跟委員說：「我很優秀，你們如果不錄取我，一定會後悔！」教授好奇的問他：「你怎麼個優秀法？」「我住在屏東很偏僻的高樹農莊，每天早出晚歸，到另一個鄉間美和中學讀書。放假的日子，我還要幫忙家裡的農事，我這樣能讀到校排一和考 68 級分，不算很優秀嗎？」後來北醫醫學系公布的錄取成績，學測都在 73 級分以上，只有一個是 68 級分，就是盧佳壕。他樸實的自信和優秀的勇氣，說服面試委員相信他未來必然能夠是個了不起的醫生。

佳壕的哥哥盧協駿，就讀美和高職部，也是透過繁星考上臺科大。而國中會考只有 5B 的妹妹盧念欣，就讀美和高職部後，也是採用繁星管道進入臺科大。盧家三兄妹的紅榜，閃亮貼滿盧家門楣，盧爸爸非常得意，他對來訪的校長和老師表示感謝，並且很大聲的嚷嚷說：「就是要美和！就是要繁星！」

校長室的魔法椅

為了慶祝民國 107 年美和第一次學測考出滿級分，學校在剛整修好的噴水池旁邊安置了一個冠軍杯。聽說這個冠軍盃的噴水池很厲害，只要你真心許願，並且認真執行許諾時所願付出的讀書代價，許願池一定讓你「願不虛發」。

在連續幾年學測滿級分接二連三的捷報傳來後，已經考上大學的學長姐悄悄跟學弟妹說：「校園裡最有魔法的不是許願池，是校長室裡面的面試椅。」

是的，沒錯。校長室有一張面試椅，只要屁股在那裡坐過，還要被校長用哈利波特的魔法咒語點過，都能考上理想的大學，比許願池還要靈。

曾經在軍歌比賽發揮創意的陳羿蓁，除了課業上全年第一名，在阿猴城音樂大賽中，沉穩內斂拿下鋼琴第一名及小提琴第二名。她優雅的姿勢抱著獎盃，謙卑一鞠躬，謝謝評審，謝謝對手——讓所有的參與人員對她深深敬愛。然而，校排第一的陳羿蓁，以學測的全校最高 73 級分，卻沒能夠在繁星入學的管道中，順利進入她最期盼的中國醫藥大學中醫系。

傷心的羿蓁成了校長室魔法椅的第一位訪客。校長鼓勵她參加國防醫學大學醫學系的申請入學，並告訴她在自我介紹中強調自己的人文素養，尤其要用力強調她平日練習小提琴時，感受到的心靈陶冶。羿蓁不改用功本色，在校長室的魔法椅上，練習自我介紹，一次就過關，順利錄取國防醫學大學醫學系。

有鋼琴王子之稱的鄭仲倫，人長得帥，也彈得一手好鋼琴，德布西和李斯特的名曲，在他手上宛若天籟。仲倫的個性很內向，三年的默默讀書，進入到校排 2%，學測成績 71 級分，非常有機會向醫學系挑戰。坐在校長室的魔法椅上，仲倫的自我介紹實在太過簡短，練了幾次都過不了關。面對醫學系的面試，仲倫

接受校長的建議，別的都不談，只談自己彈鋼琴的興趣，以及喜歡的音樂家曲風，態度自然又有自信，最終仲倫得到委員的青睞，順利錄取。

▲ 考上醫學系的鋼琴王子鄭仲倫

擁有美和第一位，也是屏東唯一考出 75 滿級分光環的黃智豪，是校排一，很早就確定把醫學系當作目標，在繁星管道中，以陽明醫學系為目標。他很早就來預約魔法椅，老實木訥的他，自我介紹的內容平穩也平凡，很平順，要能獲得青睞，得看臨場的機智反應了。沒想到，陽明醫學系面試採集體座談的方式，來自北部的學生應對進退落落大方，也很能抓住機會表現自己，全場無言的智豪，只能乖乖回來屏東，拚盡全力申請入學。智豪的成績，第一階段當然全部通過，但是必須奔北走南辛苦參加很多學校的面試。失去陽明的智豪，在最後的衝戰中，終於不負苦心，順利進入臺北醫學院的醫學系。

▲ 常帶微笑，喜歡畫畫和梔子花的王琰考上醫學系

也是校排一的王琰，學測成績卻出人意外只考了 69 級分。她傷心的坐在魔法椅上，校長告訴她：「妳長得那麼可愛又常面帶微笑，妳就全程帶著微笑面試，就會加很多分了。」王琰聽了忍不住好笑，這樣的話真不像是校長說的——這像是大家族裡寵溺孫子的阿祖說的。但

是王琰還是被暖暖的安慰到了！王琰拿出她的素描作品，一張是建築設計圖，一張是美和校園總務處旁的梔子花。校長哈哈大笑，讓她面試時介紹這兩張素描就好了。納悶的王琰依從校長的指示，結果以排名第二的成績錄取長庚醫學系，同時也被臺科大建築系錄取。

坐在魔法椅上的，未必全都要拚醫學系的。但細數這些年來，第一階段通過醫學系的，幾乎都有坐過魔法椅，並且第二階段全部通過錄取。學測考出屏東縣最高 74 級分的周柔均，被評估很有機會繁星上國立臺灣大學醫學系，校長也鼓勵她以國立臺灣大學醫學系為目標。沒想到眼神堅定的柔均說：「校長您忘了嗎？高一的生涯規劃課程中，我就說過我將來要讀國立臺灣大學物理系！」沒錯，校長記得，也尊重她如此明確的意向。那年的 3 月，柔均成為快樂的國立臺灣大學準新鮮人，7 月，她通過教育部的甄選，前往美國德州的太空總署參訪。

▲ 我們是未來的繁星

高中部第一位考上醫學系的李昕，她的弟弟李昀，學測成績比姐姐更出色。74 級分的好成績，大家都認為他應該和姐姐一樣去讀醫學系。此時的李昀，已

▲ 願不虛發的噴水池冠軍杯

經通過國立成功大學醫學系的繁星第一階段。坐在魔法椅上，李昀看起來有點心事。他想請校長幫忙寫推薦函，讓他去北京大學讀書。校長略一沉吟，二話不說立馬寫就推薦函，那一年的李昀，滿滿行囊裝滿父母的不捨，他是美和首位負笈跨海到北京大學就讀的學生。

小琉球的美麗與哀愁

　　來自小琉球的田舒茜，坐在校長室的魔法椅上，有點想哭。自幼體弱多病的她，有一個強大的夢想：「我要當醫生。」「我要把醫療資源與技術帶回我的家鄉。」琉球國中畢業那一年的暑假，舒茜對於要讀東港高中，方便家人就近照顧，還是要負笈遠住美和高中的宿舍裡，一直舉棋不定。

▲ 碧雲寺為孩子指引方向

一整個暑假的左右為難,最後親友建議:「阿不然去問神明?」舒茜遂與家人來到了小琉球的碧雲寺。在觀世音菩薩的面前,舒茜至誠懇切的訴說,菩薩很快就給出了答案:美和中學是最佳的選擇。

入住美和宿舍的第一晚,舒茜在校園中仰望星空:這潔淨的天空與大地,跟小琉球一樣。即使夜幕降臨,仍能看到天空的濃黑是如此潔淨。秋冬時候最早出現在天際的獵戶星座,身邊的天狼星總以天上最亮星的姿態,驕傲發光。雙子座的北河二與北河三,與小犬座的南河三相對呼應,於是北天的星星們,都交互輝映在美和的校園裡。球場的另一端,一顆不很明亮而低垂的星星,終年不動的靜止在此,那是北極星——國文老師在「論語」的課本中曾經說過的「居其所,而眾星拱之」的北極星。北極星外,一座斗大的大熊星座護著它,永遠忠誠的環繞追隨。

有時候,舒茜半夜睡不著,起身看看宿舍的窗外,星星的微笑晶瑩得像被水洗過一般,跟小琉球的星星一模一樣。在美和住宿求學的時光,舒茜想家的心始終濃烈,但她不敢稍忘當年她在菩薩面前說的話,思鄉的心情深深壓著,不敢流露;當衛福部的偏鄉醫事人員養成計畫開啟之後,校長提出「坐三望四望五望六」的挑戰計畫,舒茜的祈願似乎露出了曙光。

一向認真學習的好態度,讓舒茜考出不錯的學測成績,透過偏鄉醫事人員計畫,她的成績應該可以進入中山醫學的醫學系或牙醫系。但是面試這一關,舒茜始終跨不過去。

　　坐在魔法椅上，校長溫柔的眼睛看著她，說：「小琉球如此美麗，醫療資源卻如此欠缺，你只要把這份美麗與哀愁表達出來，就可以了。」於是，舒茜把口試委員當作碧雲寺的觀音，她在精準的時間掌控中，把小琉球醫療資源的美麗哀愁與自己生命中的大願力做連結，令人聞之動容。

　　那一年的暑假，田舒茜家門上貼了滿滿的紅榜單，「中山大學牙醫系」與「中國醫藥學院中醫學系」雙雙上榜，鄰里父老都在放鞭炮，「我們小琉球，有一個土生土長的女醫師呦～」環繞著小琉球島的海洋，每一朵撲上來的浪花都笑得很燦爛。

父女傳承　和珍珠一樣的美麗

　　同學都喜歡呼叫蘇亮臻：「亮～～亮～～」，因為她活潑明亮又愛笑。亮亮每次進入教室，第一的動作就是看黑板。高三生的教室黑板上，每天都會寫上幾條成語，或者激勵人心，或者讓高三生耳濡目染，寫作文的時候下筆成章。今天的成語是「克紹箕裘：形容子女繼承家中美好的產業。」亮亮突然濃烈的想起父親。亮亮的父親是屏東市民和路臻禾牙醫矯正中心的蘇燿文醫師，作為蘇醫師的掌上明珠，她最喜歡仔細端詳爸爸為客戶量身打造的一顆顆牙齒。蘇醫師是美和的畢業校友，他把女兒送來美和讀書，是相信這個學校可以讓他女兒的笑容更美更燦爛。

　　蘇亮臻跟其他五位同學來到校長室，準備接受魔法椅的特訓；踏入校長辦公室之前，她還在努力追想，高一的生涯規劃課程中，她的說詞。她記得，那時候老師要班上同學分組演練，每個人做出五分鐘的自我介紹。她努力寫小抄，再怎麼絞盡腦汁也只能寫出兩分鐘的內容，正式上臺後，卻又胡言亂語超過八分鐘；焦灼的老師頭冒青煙，他們這群小高一嘻嘻哈哈全沒當回事。

此時，他們一排六個人站在校長的跟前，校長盯著每個人的眼睛，嚴肅的說：「面試的回答，無論如何，要精煉濃縮，濃縮濃縮成為會讓大學教授動容的兩分鐘。聽到了嗎？」校長一聲喝斥，亮亮感到有點頭暈；六個人輪流講給校長聽，傳說中的魔法椅，被六個考生坐得發燙，亮亮講來講去總是講不好。「今天先這樣吧！明天下午，同一時間同一地點，你們六個再來一次。」

第二天下午，亮亮提早一些去到校長室，校長拿著吉他正在自彈自唱，亮亮坐在沙發上安靜聽著。校長唱完歌，說：「我二女兒是高雄師大美術研究所的；她的素描練習，都拿我的手當練習對象，因為她從小就喜歡看我彈鋼琴彈吉他。」亮亮說：「我也很喜歡聽爸爸跟我分享患者治療前後的改變。我覺得好神奇喔！那原本凌亂的牙齒，竟然可以各就各位排列整齊。我去西班牙的時候，在達利博物館看到一個牙齒造型的別針，好漂亮喔，是用珍珠做的！我心裡想，健康的牙齒比珍珠更珍貴。那個時候我就希望將來能夠跟爸爸一樣，做一個牙醫師。」校長一聽，眼睛都亮了，「那你面試的時候，就講這個啊！」蛤？講這個？亮亮認為面試應該是把自己求學的努力以及生涯規劃的願景，在兩分鐘內講完給委員聽，從沒想過這樣的心情也可以成為口考面試的表達。

口試當天，亮亮已經不在乎能不能被錄取了，她一心只想把她心中想要繼承父業的心情，講給委員聽。兩分鐘的面試時間，亮亮的眼睛就像珍珠一樣，泛著奇妙的光，讓每一

▲ 民國 110 年　四位醫牙學系生

個委員對她克紹箕裘的真心，寫下高度期許的評語。

　　當「臺北醫學大學牙醫學系錄取」的消息傳來，蘇醫師除了高興，還有一股澎拜複雜的心情。這些年來，他只知道埋頭努力工作，為客戶做出適合的牙齒，客戶滿意他就高興了。他從來不知道，在女兒的眼中，他的作品是「比珍珠更美麗。」

細數，繁星點點

103 學年度		
盧佳壕	臺北醫學大學	醫學系
吳煜鈞	國立臺灣大學	藥學系
李京翰	國立交通大學	人文社會學系
陳建宏	國立成功大學	環境工程學系
陳昀劭	國立政治大學	資訊管理學系自然組

104 學年度		
陳羿蓁	國防醫學院	醫學系（公費生）
	中國醫藥大學	藥學系
	高雄醫學大學	藥學系
鍾其樵	國立臺灣大學	經濟學系
許珍箖	國立清華大學	經濟學系
張懿曦	國立交通大學	生物科技學系
郭威慶	國立交通大學	材料科學與工程學系
林羿賢	國立成功大學	機械工程學系

105 學年度		
鄭仲倫	國防醫學院	醫學系（軍費生）
	中山醫學大學	醫學系
李治杰	臺北醫學大學	醫學系
周柔均	國立臺灣大學	物理學系 （屏東縣榜首）
李芳菱	國立臺灣大學	森林環境暨資源學系
曾俊源	國立臺灣大學	財務金融學系
葉楹茹	國立清華大學	科學管理學士班
	國立政治大學	不分系招生（政星組）
	國立政治大學	公共行政系
邱郁茹	國立清華大學	經濟學系
葉人維	國立清華大學	工業工程與工程管理學系
邱冠翔	國立清華大學	旭日招生丙組（電資、動機）
	國立交通大學	旋坤揚帆招生甲組（電機資訊）電子工程（乙組）
	國立交通大學	旋坤揚帆招生乙組（工程）奈米科學學士班
	國立成功大學	成星招生丁組（工）
李柏翰	國立交通大學	光電工程學系
卓庭薇	國立成功大學	企業管理學系
蔡曜陽	國立成功大學	交通管理科學系
李奕勳	國立成功大學	電機工程學系
陳孟頡	國立政治大學	風險管理與保險學系

106 學年度		
王琰	長庚大學	醫學系
	國立臺灣科技大學	建築系
	國立臺灣師範大學	營養科學學士學位學程

106 學年度		
黃智豪	臺北醫學大學	醫學系
沈俊廷	國立臺灣大學	生化科技學系
黃凱琳	國立清華大學	電機工程學系乙組
張凱翔	國立交通大學	光電工程學系
鄭淯瑄	國立成功大學	化學工程學系
宋珮婕	國立政治大學	公共行政學系

107 學年度		
施睿濬	高雄醫學大學	醫學系
	國立屏東科技大學	獸醫學系
廖健合	國立臺灣大學	工程科學及海洋工程學系
謝采璇	國立臺灣大學	財務金融學系
	香港大學	社科院
	香港中文大學	心理系
	香港城市大學	心理系
林蓁卉	國立清華大學	電機工程學系乙組
張又澐	國立清華大學	工學院學士班
蘇子源	國立交通大學	電機工程學系（甲組）
李奕潔	國立成功大學	物理治療學系
張云	國立成功大學	材料科學及工程學系
張崴評	國立成功大學	化學工程學系
郭尚諭	國立成功大學	能源工程國際學士學位學程
莊英辰	國立政治大學	會計學系

從繁星點點
到榮耀的日光

地處鄉間的美和中學沒有城市或公立學校的強大資源，以多元智慧的教學模式與歡樂學習，開啟學生左腦右腦的全方位邏輯思考，以及高度的國際視野與胸襟；110 年的六個國立臺灣大學生來自不同的族群，透過不同的升學管道，為美和的族群融合與大學的多元入學開啟新頁。

他們六人也都是高中混聲合唱團的團員，參加屏東縣合唱比賽的自選曲是〈榮耀的日光〉，以臺大合唱團的演唱當範本。校長要大家唱出自信，唱進臺大合唱團，像舞臺上的臺大人一樣意氣風發。果然再次得到優等，而且一口氣就六人進了臺大。

創校六十　六六大順

民國 109 年，美和有六個學生考上醫學系；110 年，美和創校 60 周年，有六個學生考上國立臺灣大學，簡直是神奇的六六大順。不僅如此，除了這兩個「六」的大順，110 年也六個上醫藥學系，六個上國立大學法律系，連續六年考上臺科大。

族群融合與多元入學，締造了一連串神奇的六；更重要的是，地處鄉間的美和中學沒有城市或公立學校的強大資源，以多元智慧的教學模式與歡樂學習，開啟學生左腦右腦的全方位邏輯思考，以及高度的國際視野與胸襟；以 110 年的六個國立臺灣大學生為例，他們來自不同的族群，透過不同的升學管道，為美和的族群融合與大學的多元入學開啟新頁。

最早上榜國立臺灣大學的是法律系的廖乙衡，是越南母親的新住民之子，還沒參加學測，就以優異的校內外表現經由「希望入學」的入學管道進入國立臺灣大學法律系的法學組。以繁星計畫進入國立臺灣大學法律系財經組的，還有朱芊慈，她是家住龍泉的榮民子女；透過申請入學進入司法組的是莊筑茜，則是住在來義望嘉山上的原住民。三人以不同升學管道包辦了國立臺灣大學法律系的三個組。以繁星計畫進入國立臺灣大學機械系的陳翊翔，以及以申請入學錄取國立臺灣大學農化系的劉柏賢則是父系客家籍。這些孩子們雖然來自不同族群，但父系或母系之一大都是閩南籍。

最讓美和引以為傲的是考上國立臺灣大學醫學系的阮少逸，他的父母親都在山上的國小教書。少逸的媽媽說：「少逸是 921 震災後在交通極不方便的梨山出生的，沒想到回到屏東來義老家又遭到 88 風災的滅村，只好從山上搬下來住在重建部落。」艱困的環境造就阮少逸堅忍不拔的求學毅力，他挑戰最難的大學學測，數學就考了 15 滿級分，他本身是學校進軍全國賽的外交小尖兵成員，外語

▲ 到公視挑戰全國賽的外交小尖兵　▲ 民國 110 年　六位臺大生

能力佳，挑戰競爭激烈的「原住民與偏鄉醫事人員計畫」的入學管道，他以全國第一名的成績進入國立臺灣大學醫學系。

　另一位部落之光是杜芝均，因她的開朗個性和律動感，被選為班級合唱指揮，進一步成為國中男聲合唱團團的指揮。她也是代表學校參加「外交小尖兵」的小尖兵，於是在「原住民與偏鄉醫事人員計畫」的入學競試中過關斬將，錄取國防醫學大學醫學系。

　校排一的趙振宇也是外交小尖兵之一，爸爸是外省第二代、媽媽是客家人，曾經也有模擬考未達到大家期待的壓力，任職國小老師的媽媽幾度來到校長室，在魔法椅上共商對策。當時振宇的繁星申請已經通過高醫醫學系的第一階段後，校長讓他面試時，就像外交小尖兵時期那樣輕鬆對話就好了，放鬆心情的振宇面試時的落落大方，再加上不經意流露的自然英文，讓他輕易高分上榜錄取。

　再一位來自傳統閩南家庭的外交小尖兵吳思葶，家裡是開藥房的。個性活潑

大方愛笑的思蓴能文能武，音樂性佳，視譜能力好，在他的鋼琴伴奏下，班上連得兩次合唱比賽第一名。有機會挑戰醫學系的她，跟蘇亮臻一樣，帶著克紹箕裘的心情，決定繼承衣缽，進入中國醫藥大學藥學系就讀。

第一／唯一的歷史紀錄

民國 109 年的這批畢業生，剛升上高中，就遇到校務發展變革中，高中部獎學金調降的窘境。雖然招生策略中，一再強調優質的美和，即使沒有獎學金的誘因，也值得入學，但最實際的獎勵減少，本校國中生直升或外校生來就讀高中的意願，的確有所降低。那一年，許多會考 5A 以上的學生選擇到外校就讀，高一菁英班人數明顯減少的狀況下，大家都很擔心三年後的大學戰力。但是，這一批學生，創造了美和很多神奇的第一與唯一。

偏鄉遠距數位教學的第一批大學伴

扶輪社大力推動偏鄉數位英語教學，很多公立學校明白表示沒有合作的意願，美和卻覺得：這是很好的服務與學習機會，於是接下了這個合作任務。當時由高一忠孝兩個菁英班的同學們擔任「大學伴」，犧牲每週四下午的社團活動時間，透過電腦和另一端的偏鄉國小「小學伴」進行一對一的電腦視訊教學。

學期中安排大小學伴的相見歡活動，大學伴們的心得分享中，都認為這是一個很有意義的合作，也從中學到很多，除了體會到老師教書的辛苦，更感受到偏鄉資源的缺乏，以及弱勢兒童學習的不方便。

這樣的熱忱和體認，讓這群大學伴高三申請進入大學的機會，增色許多，也造就後來金榜題名的亮麗表現。

▲ 偏鄉教學大小學伴相見歡

第一批菁英班的混聲合唱團

　　這一批剛上高一的兩個精英班，在讀書的競爭壓力下，攜手共組高中混聲合唱團。剛成軍的混聲合唱團，女聲部分有原本國中時期的基本班底，整體默契與音質沒有問題；但男聲部分缺少合唱的訓練，音準常常跑掉。男高音不好唱，男低音的厚度也是一大考驗，他們從小曲〈遊子吟〉和〈神秘谷之聲〉開始練習四部和聲，漸漸的把曲子放大。這期間，擔任導師的海鎮老師常常來看他們練唱，並且用手機錄影供大家進步參考；昭毅老師則在班際合唱比賽時，親自下場指揮。最美的是，為了讓年輕孩子充滿興趣，指導老師把時下很受喜歡的〈風中的羽翼〉和〈追光者〉兩首流行歌曲編成四部合唱曲來練唱。在班際合唱比賽中，兩個菁英班就以這兩首曲子對決。這兩個菁英班組成的合唱團首次參加全國合唱比賽的屏東縣初賽，就榮獲優等佳績。

▲ 從國中到高中合唱團　歡唱出不少繁星

連續三年滿級分　連續四年屏東最高分

　　民國 107 年 6 月，美和科大辦了一場「神遇美和　千人開智慧」的大型活動，邀請東港東隆公的溫王爺、內埔天后宮的天上聖母和昌黎祠的韓文公在大雨中來美和敲鑼打鼓的熱鬧相會，祝福國泰民安、兩校校運昌隆。

　　主辦單位指名美和高中的合唱團共襄盛舉，於是高一忠孝兩班代表參加並上臺演唱〈美和校歌〉和〈風中的羽翼〉，並一一接受東隆宮溫王爺的開智慧和獲贈「東隆宮智慧筆」，這是難得的唯一。

　　原本音樂已開啟了左腦右腦同時的思維，又有積極配合各項活動的「傻勁」，現在又開了「智慧」，各方加持下，果然，這批學生的課業成績漸入佳境，模擬考成績越來越好。果真大學學測放榜成績傳來，美和再度得到 75 的滿級分，是

屏東縣唯一三年都有滿級分的學校，也是連續四年屏東縣學測最高分的學校。這一批學生的學測成績，也都比平常模擬考的級分更高，大家都開玩笑說，真的開智慧了喔。也是這一年，美和創下一年考上六個醫學系的歷史性紀錄，放眼屏東各高中，可能是絕無僅有的。在此之前，美和每年都有一個或兩個考上醫學系，今年大放異彩考上六位，總計七年來培養出 14 個醫學系的學生，六十年前名醫創辦的學校，成了醫學系準新生的培育搖籃，美和中學終不負當年徐傍興博士的苦心與盼望。

▲ 棒球名校蛻變為升學績優學校

108 學年度		
曾勤雅	長庚大學	醫學系
	高雄醫學大學	醫學系
	義守大學	醫學系
田舒茜	中山醫學大學	牙醫學系
	中國醫藥大學	中醫學系
林京翰	中國醫藥大學	醫學系
	中山醫學大學	醫學系
	國立清華大學	清華學院學士班（將星計畫組）
徐子晏	中國醫藥大學	醫學系
	義守大學	醫學系
	國立成功大學	牙醫系
	高雄醫學大學	牙醫系
陳鈺涵	義守大學	醫學系
陳蘊安	中國醫藥大學	中醫學系
黃仲平	國立臺灣大學	政治學系政治理論組
簡健翔	國立清華大學	電機資訊學院學士班
洪明祺	國立交通大學	資訊工程學系
陳秉毅	國立成功大學	機械工程學系
葉昀華	國立成功大學	心理學系

109 學年度		
阮少逸	國立臺灣大學	醫學系
蘇亮臻	臺北醫學大學	牙醫學系
趙振宇	高雄醫學大學	醫學系
杜芝均	國防醫學大學	醫學系
朱芊慈	國立臺灣大學	法律學系財經法學組
莊筑茜	國立臺灣大學	法律學系司法組

109 學年度		
陳翊翔	國立臺灣大學	機械工程學系
	國立清華大學	國防學士班不分系
廖乙衡	國立臺灣大學	法律學系
劉柏賢	國立臺灣大學	農業化學系
	國立臺灣大學	農藝學系
賴廷瑋	國立清華大學	電機工程學系乙組
林昱宏	國立交通大學	光電工程學系
李卓勳	國立交通大學	電機工程學系（乙組）
鍾芳逸	國立成功大學	職能治療學系
楊宗育	國立成功大學	藥學系
鄭秉杰	國立成功大學	化學工程學系
吳文瀚	國立政治大學	歷史學系

▼ 繁星歡唱　醫學搖籃　一圓徐博士創校之夢

跋 ── 美和 60

正如劍橋大學在劍橋，美和中學也在美和。一個稻禾飄香的純樸客家村落，如今卻是國內極少見以村名為校名，含國高中和大學的美和大學園。

創校剛滿一甲子的美和中學，校園有一座面向大武山的銅像，雙手叉腰的姿態和神情和一般銅像很不一樣，顯示出他特立獨行的人格特質。

創辦人徐傍興博士，是享譽國內的仁心仁術的外科名醫。民國 50 年回鄉創辦美和中學，五年後又創辦美和護專（美和科技大學前身）。民國 59 年成立棒球隊，開啟美和青少棒到青棒的雄霸棒壇歲月。他無私奉獻的教育家精神和質樸善良的精神，如銅像一樣的永遠輝映在美和，在人間。

客家人想到美和，會想到徐傍興博士，民國 110 年「六堆 300」系列活動就把他列為「客家名人堂」最具代表性的人物之一；喜歡棒球的人想到美和，就津津樂道那些年「南美和　北華興」的爭霸戰以及大家半夜起來為「中華隊」在國際賽的加油盛況。

但是，美和不只是徐博士和棒球隊兩顆明星，美和還有很多繁星和動人的故事。

在九年國教升學壓力很大的年代，美和的學生卻是在「歡樂可以產生智慧」的氛圍中快樂成長，如花一樣的綻放；邁入「適性揚才　帶好每一個孩子」的十二年國教，美和除了學科的基本功，也發展多元舞臺，讓學生融入在歡樂的學習與表現中，呈現「文飛樂揚　美以致和」的校園特色。

走過一甲子歲月，美和從傳統的棒球名校蛻變為多元發展的優質學校。

我民國 69 年退伍後就到美和任教，因兼舍監老師而以校為家，有幸和徐博士在美和校園共處三四年的歲月，時常因他親切幽默的言行而捧腹大笑，也常感動於他對學生、球員和國家社會大事的關愛。轉任公立學校二十年後，我再回美和，驚喜於老師們一樣的認真，學生一樣的質樸善良。而房徐蕙英董事長和謝純貞董事，秉承徐博士無私奉獻的精神帶領學校，讓美和依然如梔子花的美麗芬芳。

重回美和這九年，我如過去一樣常和學生在籃球場上 PK，也每年校慶參加中學與科大兩校教師的大隊接力比賽。和四十二年前一樣的球場和運動場，只是人物皆已轉換。

沒有轉換的還有美和的紅樓和「黑龍江」。兩棟紅樓屹立校園六十年，黑龍江畔隨著四季變化出不同的景觀，紅樓與黑龍江，培育多少英雄人物的進進出出，猶如永恆青山，看慣夕陽的起起落落。

這些年，經由大家的努力，校園和教室也多了新的建置和美化，看到學生更多的活力和歡顏。此外，連結美和科大的教學資源和椰林樹下的步道，也讓校園更廣大，讓青山更嫵媚。

民國 110 年，美和創校滿六十周年，締造了「創校六十　六六大順」的歷史榮耀。而我也卸下當了六十六個月的校長職務。

珍惜如此深切的美和緣和校園故事，深覺有責任來編寫創校六十年的紀念專輯，讓大家看到美和創校的歷史和價值，以及這些年多元的成長和特色，還有，很多閃耀的繁星。

四年前，剛高三畢業的芊樺和凱琳，開始資料的收集和整理；一年前，在大學任教的校友李虹叡，也是為屏東縣政府撰寫不少本鄉土故事的作家，飄然回到

母校閱讀校史文獻和歷年的《美和青年》後，扛起主筆的工作。為了讓故事更生動，有些情節做了不同時空的創意連結。這一年來圖書館二樓的校史室，成為我們常在咖啡香中整編和討論的工作室。

感謝很多校友與老師對編寫這本專輯的關心與支持，並提供相關資訊和意見。也感謝校友會與家長會對本書出版的贊助，以及屏東客運公司購書送給一同跨越美和 60 的全校師生的心意。

美和的繁星，來自曾在美麗安和的校園耕耘與成長的師生，來自棒球英雄們，來自如花綻放的傑出校友們，來自正待閃耀的明日之星。

繁星歡唱，為創校六十年而唱，為美和的明天會更好而唱。

美和高中第七任校長　曾焜宗

2022.05